共感という病

テロ・紛争解決スペシャリスト
永井陽右
Yosuke Nagai

いきすぎた同調圧力とどう向き合うべきか？

かんき出版

はじめに

共感はこの社会において、人々を繫げ、連帯を生み出し、時には社会や世界を良くしていくものとして、基本的にポジティブに語られています。

そしてそれのみならず、日々の人間関係においても共感の重要性は語られますし、ビジネスの領域においてもマーケティングからプレゼンテーションまで、一つの鍵となっています。Twitter や Facebook、Instagram などのＳＮＳも、共感という面で覗いてみれば、まさに共感し合う空間になっていたりします。

２０１０年に動物行動学者のフランス・ドゥ・ヴァールが「共感の時代」と打ち出しましたが、まさに私たちは共感の時代を生きているのです。

しかし同時に、私たちは共感といったものの胡散臭さも感じてきました。東日本大震災に対する「絆」に始まり、ラグビーワールドカップでの「ワンチーム」、東京オリンピック・パラリンピック開催に向けた「団結」など、それ自体は素晴らしいアイデアではありますが、どこかそうした美しい概念が本来の目的を超えた何かに対して恣意的に使われてきた節もありました。

たしかに「絆」や「ワンチーム」「団結」の内部は、最高に気持ちが良くて恍惚すらできるものですが、よく見てみると、その中にいない人がたくさん存在していることに気が付きます。むしろ外側にいる人に対して排他的であることも珍しくありません。「共感し合おう」「繋がっていこう」と言うと、なんとなく無条件に良いものである気がしますが、**繋がっていくからこそ分断していく**とも言えるわけです。

私はテロと紛争の解決というミッションの下に、テロリストと呼ばれる人々の更生支援やテロ組織と呼ばれる組織との交渉などを仕事としていますが、こうした仕事の中で、いかに共感の射程が狭いかということを嫌と言うほど味わってきました。簡単な例でいうなら、子どもや女の子、難民といった人々には一般的に多くの共感や好意が寄せられる傾向がありますが、大人で、男で、加害者というときは、基本的に共感や好意は寄せられにくいわけです。

そんな問題意識の中、共感について考え始めました。私は共感の研究者ではないのですが、紛争解決や平和構築の実務者として紛争地の最前線で仕事をしています。そうした立場として、言えることはないだろうかと考えました。

共感に関する研究は、脳科学的な研究をはじめにさまざまありますが、共感に向き合う実践から生まれる見解や、より実践的な意見というものもあるはずだとも思いました。

そんな想いで共感に関する本や論文を読んだり、識者の方々と対談をさせていただいたりして、自分の考えを深めていきました。その結果、今回このような書籍となりました。

書籍名が『共感という病』とあるとおり、本書は一般的に良いものとされる共感の負の面を明らかにしていくことを目的としています。

とはいえ、はじめに断っておきたいのですが、私は共感が全て悪いとは思っていませんし、そんなことを言うつもりも毛頭ありません。むしろ社会と世界を良くするために間違いなく重要な要素だと思うからこそ、共感が持つ負の面を理解し、自覚し、うまく付き合っていく必要があると思うのです。

本書はそうした理解の下で、共感を考察し、共感の捉え方や共感以外の手がかりを考えるきっかけを投げかけていきます。

私としては、おそらく共感について悩んでいたり、苦しんでいる人は少なからずいらっしゃるのではないかと考えています。

私自身、例えば本書を紹介する自分のFacebookの投稿に「いいね」が1つもつかなかったら、「ええ……これダメなのか……」なんて思って、きっとドキドキしてしまいます。

また、共感などを正しく利用して社会を変革するアクションを起こしたいという人もいるでしょう。

そうした人々に、本書が何かしらの救いであったり、問題提起となることを願っています。そしてぜひ皆さんとともに、共感について、そして社会と世界を良くする方法について、考えていくことができたら、それ以上の喜びはありません。

第5章　基本的に人はわかりあえない

第6章　共感にあらがえ

特別対談×内田 樹

装丁・本文デザイン：竹内雄二　図版・イラスト：荒井雅美（トモエキコウ）　DTP：野中賢（システムタンク）　対談執筆：中野慧

第1章

キモくて金のないおっさんは、なぜ共感されないのか？

【問題】　次の2人のうち、あなたはどちらに共感しますか？

①道端に力なく座り込み、服もボロボロで今にも餓死しそうな中年男性

②内戦に追われて難民となり、ひとりぼっちで服もボロボロ、今にも餓死しそうな10歳の女の子

この答えを考える前に、①の男性に少し背景情報を付け加えます。

その男性は、ギャンブルに失敗して全てをなくし、金も食料も底をついて道端に力なく座り込む、今にも餓死しそうな60歳の男性です。さらに、あなたと敵対するコミュニティに属しているとします。

さて、あなたの共感に何か変化はあるでしょうか。

私たちの世界では、一般的に②の女の子のほうがはるかに多くの共感を獲得します。

また、①の男性に、右記のような背景情報が加われば加わるほど、彼に対する共感

は減っていきます。

2人とも同じ人間であり、同じ苦しみを同じ瞬間に持っているのにもかかわらず、なぜこのような違いが生まれるのでしょうか。

人は、どういった対象に共感を抱くのか？

現実の世界において②の女の子は、誰かにさしのべられた手によって、飢えから救われることは起きえますし、起きています。

実際、私はこれまでソマリアやイエメンといった紛争地での活動を通じて、獲得できる共感の濃淡によって個人の人生が変わるということを散々見てきました。

ソマリアの投降兵を受け入れる活動をしていたとき、サラッドという21歳の青年がいました。彼は小柄でおちゃめな見た目でいつもニコニコしていたのですが、もともと故郷の村の友人が全員テロ組織に強引に加入させられ、自身も加入したという背景がありました。更生施設の小さな広場で、満面の笑みを浮かべながら人一倍小さな身体でサッカーをしていた彼は大変印象的でした。

そんな彼は、受け入れコミュニティの代表者ともすぐ仲良くなり、また彼の辛い背景事情には多分な共感が生まれ、非常に良い形で社会復帰することができました。

一方、同じ施設で同時期に巣立っていったアバスという30歳の青年は、非常に真面目なのですが、あまり社交的ではないといいますか、寡黙な人でした。おまけにテロ組織への加入理由が、「無職で金がなかったため」というものでした。

私のチームは、彼の社会復帰にかなり苦戦しました。両者ともゴリゴリの戦闘員だったわけではなく、テロ組織内のアシスタント要員だったのですが、後者のサラッドはとにかく受け入れコミュニティからの印象が悪かったのです。「金で過激化したのであれば、またいつか金に釣られてテロ組織に入る」「年齢的にも性格的にも良くならないんじゃないか」と周りに思わせる態度がかなりありました。

結局、彼は希望する場所で暮らすことは断念して別の町に行くことになり、現在そこでさまざまな問題に立ち向かいながらも努力を続けています。

私たちは、自分と何かしらの共通項を持つ対象や、自分よりか弱いと思える対象、自分が体験済みまたは疑似体験できる状況下にある対象に共感しやすい傾向があります。さらに、その共感を与えるだけの正当性があるかどうかを判断してもいます。

本来であれば、共感がフォーカスするポイントとして、対象者の状況（先述の問題では今にも餓死してしまいそうな状況）が最も重要であるように思えます。

しかし、結果として受け手から出てくる感情的反応は、その本質以外のもの（対象者の属性や背景）に大いに影響されてしまうわけです。自分で人生を切り開くことができない小さな女の子が紛争によって苦しんでいれば、彼女をどうにかしてあげたい、助けてあげたい、という感情が共感を強化します。

ちなみに、外見も大きなポイントです。例えば②の女の子においては、より可愛い、より守ってあげたくなる顔や見た目だと、より共感されます。私自身はどうにも冴えない男なのですが、以前とあるＮＰＯの先輩方に「永井君が女の子だったら一番いいんだけどねえ。やっぱり応援したくなるからね」と言われたのも、共感や応援されるためという点においては実際そのとおりなのです。

一方で、道端に力なく座り込み服もボロボロの60歳の男性の場合は、浮浪者やホームレスと認識され、共通性は見出しにくく、さらにギャンブルに失敗し、全てをなくして金も食料も底をついたという背景を知らされると、「それって自業自得じゃん？」と思えたりもします。そのうえ、自分と敵対するコミュニティに属している人となれば、「いい気味だ」「ざまあみろ」とすら思うかもしれません。

端的に、まさに共感が湧き出てこない、そして少しばかり理性的に（認知的に）考えてみても、「自分が共感するだけの正当性がない」となってしまうわけです。また、「60歳だし、もういいでしょ。若い人のほうが大事だよ」「いやあ、別にこういう人ってたくさんいるよね」と思われて終わることもあるでしょう。

とはいえ、2人は人間として抱いている苦痛は全く同じです。個人が持つ情報処理能力はあまりにも小さく、同じように捉えることは決してできません。そもそも全人類に等しく共感するというのもできません。

また結局のところ、どこまでも個々人が持つバイアスに振り回されることになり、結果として共感は、全員ではなく特定の誰かしか照らさない「スポットライト的性質」と、自分にとって照らすべきだと思えた相手しか照らさない「指向性」を持つことになってしまうのです。

味方ではないと思った人に対して厳しすぎる日本人

最近の心理学と脳科学の研究から、私たちは無意識的に、他者を「仲間」と「それ以外」に判別していることが明らかになっています。

例えば、同じ主義主張を持ったコミュニティからランダムに100人を集め、クジを使って4グループに分けると、個々人の脳は、瞬時に同じグループを「仲間」とし、他のグループの人々を「それ以外」ひいては「敵」と識別します。私たち人間が持つ社会的存在としての本能はここまで高性能なのです。

つまり、**共感とは誰かの困難に対してではなく、困難に陥っている自分側の誰かに作用している**といえます。まさに共感は差別主義者なのです。

グローバル化が進み、巨大化した現代社会では、仲間ではない他者と関わることは避けられません。それは世界でも地域でも、個々人の意思となんら関係なく進行しています。

その状況において、共感が持つスポットライト的性質と指向性を放置しておいてはどこかで問題が起きてしまいます。というか、そうした問題が至るところで見受けられます。

なぜなら共感される必要がありながらも、共感されない人が必ずどこかに存在しているわけで、共感だけに頼っていては誰の善意もその人にたどり着くことはできないからです。そして、敵と認識した他者に対しては一切の優しい共感を持たない、むしろ攻撃するといったことにもなりうるからです。これが本書で問題提起したいことの一つである「いきすぎた共感」です。

ちなみに、共感しにくい対象の端的な例としては、いわゆる加害者が挙げられます。基本的に、テロリストから強盗犯まで過去に罪を犯した人の社会復帰は簡単なものではありません。そもそも犯罪に至るまでの環境的な要因を変えることは容易ではないですし、刑務所から出たあと、社会に順応していくのも大変なことが多いです。

そして特に日本では、一度罪を犯した人への差別や偏見が非常に強いといわれています。彼らの社会復帰における問題や、それに対する支援などを紹介する記事や投稿へのコメントはしばしば大荒れすることも多く、「即、死刑にしてほしい」「社会に戻ることが難しいのは当たり前。どうか苦しみ続けてほしい」「私が被害者だったらこの地球に存在していることがもう無理」といったコメントに多くの賛同が集まったりします。

被害者の方々のことを考えると、そうした意見が一概に間違っているとは思いません。悲痛な思いは十分にわかります。むしろ私がその立場だったとしたら同じようなことをきっと考えます。そして簡単ではありませんが、被害者の方々はしっかりとケアされるべきです。

しかし、直接的な当事者ではない第三者のリアクションはこれでいいのでしょうか。いじめをしてしまった人をみんなで社会的制裁としていじめたとしたら、そのみんなはなんなのでしょう？　「司法が甘すぎる」とか「被害者が報われない」ということはわかります。ただ、棍棒で殴った人をみんなで殴りまくった。そんな場所で明日は誰が誰に殴られるのでしょうか。

なんにせよ、同じ人間でもありながら、感情的にもそして少しばかり理性的にも、「こいつに共感は一切しない。むしろ苦しめ」と思われ続ける人々もいるということです。いわば、「キモくて、金もなくて、自分の仲間でもなくて、かつどうしようもない加害者であるおっさん」のような人が、同じ人間でありながらもとことん共感されず、とことん取り残されているのです。

とはいえ、私たちが持つ権利、もしくは人権というものは、そうした人にももちろん存在しています。被害者の権利が奪われたから、奪った人の権利は取り上げられるといったものではないのです。

ここで必要なのは、国などが被害者の権利を保障していくこと、第三者の人々も加害者の権利を認めないのではなく保障や加害の環境的要因に目を向けていくこと、そして何より、直接の当事者でない人々が当事者のまさにどうしようもない気持ちを踏まえ、考えることです。

繰り返しですが、感情的な話は、非常に理解できます。私は別に加害者の味方というわけでもありません。

ただ、社会や世界を良くしていくために、感情的にならざるをえないような悲痛な出来事がもう起きないようにするために、理性的な姿勢もまた必要なのだと、紛争という憎悪のぶつかり合いのど真ん中で仕事をしていて思うのです。

人間だけじゃない。共感されない犬や猫もいる

共感されない対象は、人間以外の動物にも当てはまります。

例えば、アメリカでよく話題になるのが「ビッグ・ブラック・ドッグ（黒くて大きい犬）」問題です。これは捨て犬などを保護する動物シェルターなどにおいて、黒い大型犬は嫌われて引き取り手が見つかりにくいという現象です。

日本でも同じようなことがいえるかもしれません。小さい犬に比べて、黒くて大きい犬はなんとなく恐いイメージがあるようで、その背景には、大きい犬はそのサイズ感や多産傾向などから飼いにくいとされることや、黒くて表情がわかりにくかったり、写真写りが悪かったり、映画や小説などで黒い犬が悪い描き方をされていたり、などということがあるそうです。

そうした大きくて黒い犬は、比較的小さくて、表情が豊かで、元気そうな犬が続々

と引き取り手が決まり、保護シェルターから救い出されていく一方で、保護シェルターに居続けて遂には処分されてしまう運命が圧倒的に多いわけです。

こうした傾向は猫にも当てはまり、日本を含めさまざまな国で、黒い保護猫は不人気である傾向があるようです。理由としては、「写真写りが悪く、インスタ映えしない」とも大真面目にいわれています。アメリカやイギリスではそうした黒猫にも光を当てようということで、「黒猫感謝の日」が制定されたりもするほどです。

実のところ、私は数年前に近所の保護猫施設から1匹の猫を引き取り、それから共に暮らしています。その保護猫施設は、施設というよりも古い一軒家で、70歳ほどのおばあさんが自宅のリビングで保護猫を引き取り、貰い手をどうにか探すというところでした。思えば黒い猫も複数匹いました。

話を聞いたところ、「大きくなってしまったり、顔などに外見上明らかな病気などがある場合だと、なかなか引き受け手が見つからない」ということでした。

うちの猫も治らない角膜炎と全身のカビ、治らない慢性鼻炎などの病気を持っていましたが、さらにひどい病気を抱えている子や6歳、7歳になったがっしりした体格の子など、たしかに大変だったことを覚えています。ちなみにうちの猫は、思っていたよりも目つきが鋭いという理由で、仮引き取りが決まっていた方からキャンセルされた過去があります。人間と同じように、醜美の話はやはり残酷なものです。

世界中で長く続く「共感ムーブメント」

ここで本書のテーマである「共感」について、その変遷と定義を簡単に見ていきましょう。

多種多様な生物が共に暮らしているこの地球では、21世紀の今でも大小さまざまな問題が存在しています。そうした問題を解決し、この世界をより良い場所にしていく鍵として、共感という概念が注目を浴びてきました。戦争や社会における対立といった問題の原因には共感や想像の欠如が大きく作用しているといわれ、どのようにして異なる他者を想像し、共感することができるのか、ということが国内外の社会を良くしたいと思う人々の中で日々試行錯誤されています。

18世紀にはアダム・スミスが「他者の幸福を求めることは人間の本性であり、共感はそれを支える作用を持っている」と主張しました。

また、『共感の時代へ――動物行動学が教えてくれること』（2010年、紀伊國屋書店）などで有名な霊長類行動学者フランス・ドゥ・ヴァールは、「この混迷極まる現代社会を良くするには共感が重要である」と論じています。その昔、トマス・ホッブスが「ホモ・ホミニ・ルプス（人間は人間にとってのオオカミ）」と称したり、ダーウィンは自然淘汰なる生存競争があることを指摘し、ハーバート・スペンサーは適者生存として社会に当てはめました。猛烈な競争原理の下で弱者はあとに残され、社会には圧倒的なまでの格差が生まれていきました。そうした「共感欠如の病理」に対し、猿などの霊長類社会でも観察できる共感や助け合いを取り戻そう、というヴァールの主張は、近年世界中で支持されてきました。

また思想史的には、理性の限界をベースに、理性の網に引っかからない人々を救うことができるのはケアであり、共感であるとされ、現代に繋がってもきました。まさに、「私たちに欠けているものは想像力であり共感なんだ！　今こそ共感し合い、団結しよう！」という姿勢や動きは、さまざまなところで見受けられます。

さらに、社会や世界規模の問題解決だけではなく、私たちの日常においても共感が鍵とされています。第2章で詳しく取り上げますが、ビジネスにおいては顧客から共感されるか否かが非常に重要視され、人間関係においても共感力の重要性が語られています。

また、世界各地で巻き起こるさまざまな社会変革のムーブメントは、まさに共感によって繋がれていき、国境を軽々と飛び越え、世界規模で多くの人々を巻き込んでいく力を持っています。トルコの海岸に打ち上げられたシリア人難民の子どもの写真は、人々の心を揺さぶり、我が子や自分の幼少期を想起させつつ、印象的なハッシュタグ（#KiyiyaVuranInsanli：トルコ語で「人間性の漂流」）とともに世界中に拡散されました。たとえ会ったことがなくても、自分と直接的に関係がなくても、強力に共感することで、もしくは共感し合うことで、私たちは連帯することができるのです。

憎悪が渦巻き、人々が分断していくこの時代において、そうしたことが今まさに必要なのです。こうした共感を否定的に捉える人は基本的にいないでしょう。

共感には「認知的共感」と「情動的共感」がある

その重要性の下、共感は脳科学や心理学などさまざまな分野で研究がされてきました。共感はどこから生まれるのか、どうなると共感するのか、脳のどんな部位が使われているのか、他の生き物と比べ人間の共感はどんな違いがあるのだろうか、共感の欠点はなんだろうか、社会を良くしていくためにはどのように共感を使えるのか、など多くの研究がさまざまな手法で行われてきました。

もちろん未解明なことも多数ありますが、共感は他者を傷つけることを抑え、他者に対して良いことを行う動機を付けるものとされ、大小さまざまな社会集団において極めて重要な機能とされています。

そんな共感は、一般的に「認知的共感」と「情動的共感」の2つに、機能的に分けられています。大まかに言うと、認知的共感は、他者の心理状態を推論するなどして理性的に正確に理解しようとするものであり、情動的共感は、他者の心理状態を感情的に共有し、同期しようとするものとされています。

前者は他者の背景や状況を踏まえた理性的なプロセスをたどるものであり、ある程度オン・オフを切り替えることができます。しかし後者は厄介なことに、無意識的にそれこそ情動的に、湧き出てしまうものであり、オン・オフの切り替えがなかなか難しいものとなっています。

どちらが良い悪いではなく、この2つの機能がお互いに補完し合っており、単独で動くこともあれば同時に動くこともあり、そうして私たち人間は他者や社会と共存しています。

共感は「認知的共感」と「情動的共感」の2つに分かれる

「認知的共感」

相手の思考や感情を理性的に正確に理解しようとするもの。
意識的にある程度はオン・オフの切り替えができる。

「情動的共感」

相手の思考や感情を自分の感覚として感じること。「感情的共感」とも言う。
無意識に出てしまうものであり、オン・オフの切り替えが難しい。

例えば、殺人を犯した人が刑務所に服役しており、そこでの不自由な生活の辛さを訴えている場面に出くわしたとしましょう。私はソマリアの刑務所の中で仕事をしていることもあり、中にいるときは居房（いわゆる牢屋）から生活の辛さなどを書いた手紙をたくさん手渡されたり、物理的に投げて渡されたりします。

そこではしばしば情動的共感が働き、その人の心理状態などを感情的に捉え自動的に共感を持つ一方、認知的共感が働く場合は、「殺人を犯し、その罪に対する刑罰なのだから、国際法違反のような拷問や環境はもちろんダメなものの、ある程度の不自由はしょうがないのではないか」などとして理性的には過度な共感をしないということが起きたりします。このように、一口に共感と言っても大きく2つのメカニズムがあるのです。

また、私たちは場合によっては虫を害虫として平然と蹴っ飛ばしたりしますが、とある人間が自分にとって害だと認識しても、虫のように蹴っ飛ばすということにはまずなりません。魚や鳥はどうでしょうか。猫や犬はきっと多くの人がそんなことできないとなりそうです。オランウータンやチンパンジーのような霊長類に対してはもはやタブーのような気さえします。では、アリや目に見えない微生物に対してはどんな気持ちになるでしょうか。

そうした裏では、共感の機能が複雑に作用しています。人間としてのあれこれもそうですが、私たちにはまずヒトという生物としての諸機能がさまざまあるのです。そのおかげで、同じ人間を蹴っ飛ばすのは気が引けるということになっているわけです。

ちなみに、チンパンジーやラットには他者を傷つけるのを嫌がる機能があることが判明しています。別に人間が一番偉いと言うつもりは全くありませんが、チンパンジーやラットにもできるのであれば、うまいこととして私たち人間ももっと他者に優しくなれるような気もします。

なお、共感というと定義しにくいというか、ケースバイケースでさまざまな意味合いを持ってしまうキーワードですが、英語でいうと sympathy と empathy という2つの言葉が対応します。

日本語では、sympathyをいわゆる「共感」、empathyを「同情」と分けたりします。しかし前者は受け身的であり、必ずしも他者の心理状態と自分の心理状態が一致するわけではなく、後者は能動的かつ感情移入的であり、他者の心理状態と自分の心理状態が一致しやすいともいわれています。

例えば、殴られている人がいるとします。sympathyだと殴られている人の心理状態を推し量り殴っている人を憎悪するということが起こりうるのに対し、empathyだとシンプルに殴られている人の気持ちを自分も辛いと感じるというイメージです。また、sympathyは他者と共に感じることであり、empathyは他者に添って考えることであり、他者に入り込むようなものではないなどともいわれます。

このように、共感と同情は単語も違えば意味合いも若干違いますが、共感を認知的共感と情動的共感に分類し理解することで、同情のニュアンスも十分考察できます。それだけでなく、どちらかだけでは現象を一面的にしか捉えられないこともあるということで、統一された定義やすみ分けはないものの、それらの両方を含んで「共感」

という単語が使われることが多いようです。

本書では、こうしたこれまでの蓄積を踏まえて、共感を広く捉えます。簡単に定義するならば「他者の感情経験に直面した人が、認知的および感情的に反応すること」となります。細かく言えば、「反応に至るまでのプロセス」ということになるのですが、学術書ではないので定義の沼にはまってしまわないよう極力シンプルに進めていきます。

さて、本章のタイトルは「キモくて金のないおっさんは、なぜ共感されないのか?」という問いでしたが、こうして考えてみると、「キモくて金のないおっさんだけであれば、一概に共感されないとは言えない」となります。というのも、自分の主義・主張に合うおっさんなら、「敵ではないな」だとか「味方にしたい」と考える人もいるからです。

なので明確に言うならば、「キモくて、金もなくて、自分の仲間でもなくて、かつどうしようもない加害者であるおっさん」といったステータスになると、共感が湧き出ないうえにむしろいい気味とすら思えてしまうという理由で、実際的に、共感を得ることはかなり難しいということになります。

第2章では、いきすぎた共感社会の現状と問題点を整理していきましょう。

第2章

共感中毒がもたらす負の連鎖

胡散臭いとは感じつつ、至るところで求められる共感

共感は私たちにとって不可欠なものであり、社会や世界をたしかに良くしてもきました。共感によって人々は他者と適切な関係を結び、繋がり、行動し、場所や時間を超えた大きな力にだってなるのです。

しかし、そのように大きな力を持つからこそ、そうした共感を個々人の目的の下にうまく引き出そうと、多くの人々が良くも悪くも試行錯誤している現状があります。

第1章で述べたとおり、共感には大きく「理性的な認知的共感」と「感情的な情動的共感」という2つの機能があります。特に後者は湧き出てくるものであり、そのオン・オフがなかなか難しいもので、それをどのようにして湧き出させるかという戦略が重要になってきます。

そして、そこに絡む意図がどこに向いているかによっては、さまざまな問題が発生

します。一概に良い悪いではなく、共感が大きな力を秘めている以上、私たちはこの現代の社会において、常にその共感を「使いたい」という誰かの意図にさらされているのです。

第一に、語弊を恐れずに言えば、共感はお金になります。

私は紛争解決などの領域から共感とどう向き合うべきかと考え始めましたが、昨今このキーワードを一番見かけるのはビジネスの領域です。いかに人々に関心を持ってもらうか、手に取ってもらうか、そうしたマーケティングにおいて今や共感は最も重要なものの一つとされています。その商品を使う自分を想像させるようにデザインをしたり広告をうったりして、まさに共感してもらうようにする。「共感マーケティング」という用語も存在するように、マーケティングにおける共感の重要性を説く本や記事が非常に多く存在しています。

実際、私たちが日々目にするCM、スマホや電車内の広告などにもそうした意図が大いに反映されていますし、本屋に行けば「共感の嵐！」といったような推薦帯を見かけたりします。YouTubeやTwitterに流れてくる広告マンガも実によく工夫されています。というか、広告元がそうしたことを考えて戦略的に親近感が湧く絵などを使っているわけです。

そうした戦略が前面に出すぎた結果、一時期はステマ（ステルスマーケティング）が大いにバッシングされたことも記憶に新しいです。最近はITリテラシーといいますか、「この記事、なんだか匂うな……」となる人も多いかと思いますが、騙そうとしてるんじゃないぞという気持ちはすごくわかります。だからこそ、共感を得るために、あくまでバレないように、うまくやる。そんなことが重要になっているのだと感じます。

また、ビジネスでなくても、一個人として他者とより良いコミュニケーションをとりたいということで、「共感されるコミュニケーション」といったテーマでも実にさまざまな書籍や記事があります。私のようにひねくれていると、共感されるコミュニケーションなんてステマと同じように、なんだか匂うぜなんて思ってしまいますが、結果が求められるプレゼンなどではたしかに需要はあるだろうなとも感じます。

というのも、私は以前、元テロリストの方々の雇用を創るとともに、テロ組織から脱退したいと思わせるような雇用も創ろうと考え、外部の方々に支えられながら事業計画書を作成し、とある投資家の方にプレゼンしたことがありました。ところが、私のプレゼンが下手ということもあり、「うーん、共感できないね。これじゃお客さんも共感しないと思うよ」と言われ、見事に撃沈しました。

共感できるかできないかということは評価にも繋がっているともいえ、本や映画のレビューなどにも見受けられます。例えば「共感できてすごく良かった！」や「全然共感できなくて意味不明でした」などです。

なんにせよ、お金に直接繋がらなくても（実際は多くの場合繋がっていますが）、何かプラスなものを得るために、私たちはうまいこと自分に共感してもらえるよう、さまざまな工夫をしているのです。

共感は「殺人許可証」にもなりうる

また、紛争や虐殺といった極めて深刻な暴力の場においても、共感はうまく活用されるケースが多数存在しています。

わかりやすい例で言えば、ナチスドイツによるホロコーストや、カンボジアなどでのジェノサイド（大虐殺）がありますし、ソマリア内戦やシリア内戦などの複雑な紛争でも説明ができます。そこでは敵対する他者、集団への憎悪や恐怖、そして嫌悪のような負の感情を、政治的恣意性をもって大衆に喚起し、人々が殺戮への道に走って進んでいったという事実が存在しています。

おそらく一番多いのは、自分を含む自集団が、他者に攻撃されたときの被害感情を活用することです。

例えば、ソマリアのテロ組織が支配しているエリアに空爆があったとき、テロ組織側がもっぱらその空爆で死んだ人をうまく活用している節はやはりあります。「彼は戦闘員ではなかった！」「彼女はまだ8歳の子どもだった！」といった具合に。すると、亡くなった遺族の方やその周囲の人々、究極的には政府や国際社会と対立している人々が、空爆をした側に対する深い悲しみや強烈な憎悪を持ち、テロ組織に協力し、さらに大きな攻勢をかけるということは極めて一般的です。

こうした自集団の犠牲などを活用した戦闘への動員は、さまざまな紛争で使われてきましたし、今も使われています。またもちろん、「あいつらは狡賢いゴキブリだ！」とか「あいつらは悪魔だから殺していいんだ！」といった敵対する他者の非人間化といった手法もよく使われてきました。

ルワンダのジェノサイドでは、「ツチ族はゴキブリだから殺せ！」「うまく隠れているから見つけ出して殺せ！」などとラジオで扇動した結果、その当時フツ族のごく普通の人々を焚きつけ団結させ、凄惨なジェノサイドへと繋がりました。

そして、こうしたことは日本国内でも、例えば在日外国人へのヘイトスピーチなどでも見受けられます。「在日外国人がいるから日本人が苦しんでいるのだ」といった被害感情と怒りがヘイトスピーチをする人々を団結させているのです。

また、内戦が続いている中央アフリカ共和国を描いたVISEのドキュメンタリーのタイトルは「United in Hate（憎しみによる団結）」です。キリスト教をベースとする一派とイスラム教をベースとする一派による激しい対立と、相手に対する過激なナラティブ（言説）で盛り上がる人々をまさに形容するタイトルです。ちなみに東京オリンピック・パラリンピックのモットーは「United by Emotion（感情による団結）」なのですが、これはこれで場所によっては怖さを感じるものだと思えます。

こうした背景から、いかに普通の人々を巻き込めるかという点で、紛争や対立の当事者同士がさまざまなナラティブを生み出し、そうしたナラティブが現場でもインターネット上でも並び、まさに共感を得るための「ナラティブ合戦」とも言える様相を呈したりもするのです。

第一次世界大戦の時代、ドイツの攻勢を危惧していたフランスの将軍フェルディナン・フォッシュは、イギリスの陸軍司令官であり後に陸軍省の要職に就くことになるヘンリー・ヒューズ・ウィルソンにイギリスからの援軍支援について次のように述べました。

「たった1人の伍長と4人の兵士だけ送ってほしい。彼らをドイツ軍に殺させることを約束しよう。そうすればイギリスは全力で参戦することになる」と。

「わかりやすさ」が社会を歪ませる

共感を目指す競い合いは、社会貢献の活動などへの寄付においても同じです。街頭募金、ホームページでの寄付、クラウドファンディングのキャンペーン、ファン獲得のための広報など、その闘いの舞台は多岐にわたります。そしてその一つひとつに、闘いを勝つための工夫が凝らされています。

例えば、まずは人々の目につくように、そして彼らの足を止めさせるために、目を引く見出しやビジュアルイメージを用意します。写真はもちろん共感を引き出しやすいカットを丹念に選び、Photoshopなどの加工ソフトで編集を加え、さらに際立たせます。印象的なコピーを考え、それがうまく映えるように写真も工夫しなくてはいけません。

また、問題をさらに具体的に感じてもらうべく、誰にでも理解できる簡略化されたヒューマンストーリーも活用していきます。「複雑な問題が組み合わさった結果、9人に1人が餓死しています」と伝えただけではどうにも共感しにくいので、「難民キャンプに暮らす8歳のムナちゃんは、良くても1日1食しか食事にありつけない。母のサミラさんは内戦により親族と離れ離れになり職もなく……」といったストーリーで、引き込んでいくわけです。「あなたのご家庭や周りにいる子どもと同じですよ。そんな子どもが飢餓に苦しんでいるんです。こんなことあっていいのでしょうか。どうか見捨てないで」と。

詳しく考えるだけの背景知識やそのための時間を持たない、忙しく日々情報に囲まれている現代人を、いかにしてわかったように思わせることができるか。なにぶん情報は無限にあり、それを日々、瞬間瞬間で選んでいる状態です。そしてその無限の情報もクリックされるために作られている。そんな中で、難しい問題を実直に伝えたところで共感を生むことはできません。

だからこそ、シンプルかつキャッチーな表現で共感が湧き出るポイントを押さえつつ、さまざまな手法で訴えかけていくことが工夫されているのです。

私の専門領域である紛争などのケースで言うと、「世界最悪」「最貧困」「最も残虐」「ジェノサイド」「子ども兵」などのフレーズがありふれています。特にジェノサイドという用語はインパクトが強いため、人道危機において頻繁に使われることになり、国連がジェノサイドという単語の誤用や濫用をしないように発表したり、しばしばジャーナリズムの領域においても、この濫用について問題提起されたりもしているほどです。

このように、広報面においてどう人々の興味関心を引くことができるかという点において、例えば社会貢献団体にとって最も重宝されるのは、問題解決のプロよりも広報やマーケティングのプロだったりもします。とある世界的な社会貢献NPOの有給職員の半数以上が広報・マーケティング担当である事実は非常に示唆的な現実と言えます。

善意の行動などにおいても、人々の共感できる総量に限界があるからこそ、どのようにして共感を獲得するかという闘いが存在しています。

これ自体はしょうがないことだと思います。私も所属しているNPO法人で寄付を募ったりするので、自分が納得できる形でしかやりませんが、何かしらを考え試行錯誤しています。

しかし、なりふり構わぬ共感争いの中で、共感の獲得が手段ではなく目的となっていくケースも珍しくありません。

よくあるのは、とにかく金がないと始まらないということで、注目を浴びる、クリックされるような事例やフレーズばかり使って大げさにアピールすることになっていき、結果としてそもそも解決したいと思っていた問題を悪化させたりしてしまうというケースです。

もし世界や社会を良くしたいと本当に思うのであれば、わかりやすいことだけに人々をリードするのは、私は全く良い手段だと思いません。むしろ問題の構造をさらに悪化させうる行為だと思います。

そうなってくると、取り残されがちな社会課題（共感を得ることができない社会課題）はさらに取り残されていくだろうし、何よりそれらを取り巻く社会が歪んでいくのではないかと思えてなりません。

何も考えなくとも半ば本能的に理解できるよう周到に用意された社会課題とその解決策に、人々が慣れていった先に何があるのでしょうか。さらに悪化する、そして簡単に扇動されるようになる、など深刻な問題が多数発生することもあるのです。そう考えると、自らの共感を他者に意図的に使われることの怖さをひしひしと感じます。

過剰な共感は対立や分断を生む

共感されたいし、共感したい。

それ自体にはなんら問題はありません。社会的な生き物である以上、誰だってそういう面はあるでしょう。そしてそうしたことを実現してくれる場所や映画、本などが人気になるのもわかります。

しかし、それは**その用法用量が適切であれば**、の話です。オーバードーズしてしまうと、それこそ共感中毒のような状態になり、いろいろな問題が生まれます。

わかりやすいのはTwitterやInstagram、FacebookといったSNSの世界です。フォロワーやいいねといったある種の共感ボタンが数字化され、他者と自分との比較を無意識的に強いられ、承認欲求を高める仕様が満載な世界となっており、実に多くの人々がそこで苦しみ悩んできました。隣の芝は青く見えるうえに、その隣の芝も無限にあり、自分も負けじと自らの芝を青く塗りつくし、疲弊していく。SNSがなかった時代に比べて、間違いなく現在の私たちは盛りに盛った本当かどうかすらわからない他者との自己比較を半ば強制されています。自己承認されるためにモノを買い、サービスを受ける。フォロワーを買い、いいねなどの数に一喜一憂する。

そうしたことは、もしかしたら自らの成長などに一役買うのかもしれません。でも、どう考えても精神衛生上健全だとは思えません。自分の存在やその価値が自分から離れていき、他者の評価によって定められてしまうことになりかねませんし、それこそなんのために生きているのだろうかとなってしまいます。もしくは他者への強烈な依存に繋がり、金儲けしようとする悪い人々のカモになってしまうことだってあります。

また、他者から注目されたり共感されることに味を占めて、そのために自分の言動や行動が変化していくことも容易に見受けられます。まるで自分がそうすることを、社会から受け入れられている（評価されている）と感じ（勘違いし）、「社会問題をどうにかしたい」と思っていた気持ちがいつの間にか帰属意識とそれに敵対するグループへのバッシングのようなものに変わってしまうことも珍しくありません。

声をあげることは当たり前に大切ですが、**気に入らない相手をひたすら叩いたりして連帯していくことは、何かしらの課題を解決することができたとしても、ほぼ間違いなく対立や分断を招きます。**

そして、それが新たな課題だったりより深刻な課題を生み出したりもしているのです。事例はいろいろあります。

例えば、首相や大統領といった人物をその座から引きずり降ろそうという運動は世界中どこでもありますが（民主的なやり方であれば非常に健全だと思います）、その際にその人物を容赦なく貶すようなことをして、それに盛り上がったりするケースです。「A首相は人間じゃなくて悪魔だ！　死ね！」というような非人間化を含む強い言葉による主張が飛び出したりするものです。

こうしたことを言う側は、もし100人、1000人以上などの規模などでやっていたらアドレナリンが出て、さらに過激になったりします。でも、言われる側の味方というか、意見に否定的な人々からすると、「そんなこと言ってるお前らはなんなんだよ」となり、もれなく対立が深まります。そうした怒りなどの負の感情は、相手と直接対面していない場合とてもたちが悪く、負の感情を持つ人の周りにいる人にもぶつけられる可能性が高いといえます。怒りの対象が目の前にいなかったり直接会うことすらできなかったりする場合、その怒りはアクセスできる同じような他者に向いてしまう可能性があるということです。

これはジェンダー関係でもよく見受けられます。時代遅れと思われる男性が女性から激しく叩かれると、言われた側は「この野郎……フェミ野郎が……女なんて全員……」とその特定個人を超えて、女性に対する意識へと変わってしまうことは頻繁に起きています。こうしたことはどうしてもTwitterのようなSNSで発生しがちであり、ダイバーシティやソーシャルを支持している人々の間でも起きたりします。

私も常々意識していますが、社会問題をどうにかしたいということであれば、声のあげ方、連帯の仕方などはその方法を大変よく考えなくてはいけません。一面における正論を言えばいいというわけでは決してないのです。

そしてその正論も、**別の視点からは正論でないことが常なのです。**

例えば難民や移民の受け入れの是非などについて、人道的な理由から、しばしば日本はG7などに参加している先進国として、もっと積極的になるべきだなどと主張する方々がいます。

でも、それだけを主張し、反対する人はまるで人権意識が低いからだというような姿勢を出してしまうと、非常に不毛な事態になります。反対する人は難民や移民の人権や人道ではないポイントで不安や懸念があるわけで、もしそうした形で難民や移民を日本にさらに受け入れていったとしても、受け入れた先の社会がさっぱり成熟しておらず、実に多くの問題が生まれることは目に見えています。

日本政府は国際条約にサインしているのだからやるべきだというのも同じです。反対しているのが日本政府だけならいいですが、反対している一般市民の人からすればポイントがやはりすれ違っているのです。

また意外と盲点なのですが、「言ってるお前がムカつくから断固反対する」という心情は極めて一般的です。この手の議論ややりとり（そもそもＳＮＳは議論できる空間と思いませんが）を見ていると切に感じます。きれいなことを言って、特に行動が伴っていないと「意識高い系死ね」という言葉が飛んできたりもしますが、こうした心情なのだと思います。

こんなことを言うと、「なるほど永井は日本が引き続き鎖国状態であることを良しとして、難民や移民を無視するわけだ」などと勘違いされることもあるのですが、そういうことではないのです。むしろ検討されている問題をどうにかするためには、何をどうすべきなのかということを考えているのです。

社会課題の解決を少しでも目指している人は、声のあげ方、連帯の仕方などへの丁寧な意識は何よりも大切だと思います。なぜなら社会課題の社会というのは、自分にとってさっぱり話が通じない人も参加しているのですから。

自分の人生が自分のものでなくなった人たち

話を共感に戻すと、「共感されない」と激怒してしまうほど不安定な状態になってしまう人もいます。大げさだと感じる人もいるかもしれませんが、事実としてこうした共感依存に人生を狂わされ、治療を受ける必要があるほどに深刻化することが国内外であるのです。**自己承認欲求の過度な肥大化**とも言えるかもしれません。共感されたい、認められたい、けれどもされない、足りない。故に、SNS上で不特定多数から共感されたり認められるように、嘘をついたり、見栄を張ったり、女性であれば自らの身体を見せつけるようなことをして、もう通常の生活に戻れないで破綻していってしまうという事例は珍しくありません。

特に多くの日本人の若者のように、無神論者といいますか、自己の存在や意味を宗教などの外付けの価値観で定義しておらず、あくまで自分に委ねられている人ほどそうしたリスクがあると思います。

私は仕事で敬虔なイスラム教徒やキリスト教徒の人と接することが多いですが、彼らの謎の自己肯定感にしばしば感心させられます。「神が創ってくれた」「神が導いてくれている」という具合に、ひとまず自己存在についてはどっしりと構えているというか、あまり深く考えすぎない人が多い気がします（あくまでも私の所感であり他意はありません）。

一方そうしたバックボーンがなく、現代の繋がりすぎとも言えるくらい繋がっている世界で、自分の芝をデコレーションしまくる他者たちを見つつ、自らに自信を持てていない人が大勢います。自信があろうがなかろうが私は私でしかないにもかかわらず、究極的に自分の存在がふわふわしてきてしまい、自分はなんなのか、自分はなんのために生きているのかわからなくなっていく。

そんなときに何かしらの共感を得ると（それは意図されて引き出される可能性も大きい）、それは劇薬のごとく作用し、高い依存性を持つ麻薬へと変貌していきます。カルトや謎のサークルや怪しいオンラインサロンなど、一概に悪いとは全く思いませんが、ずるずると引き込まれていく可能性だってあるわけです。
詰まるところ、**自分の人生が自分のものでなくなっていく**のです。

私が大学生の頃、共にNPOの活動をしていた後輩が、自分の価値を発揮しきれず、学歴コンプレックスなども相重なり劣等感を抱えて悩んでいたのですが、ある日、姿を消したと思ったら、ねずみ講まがいのビジネスをやっている派手な社会人サークルに加入していました。私にもさまざまな儲け話を投げかけてきたのですが、「いろいろ漂流しましたが、居場所を見つけました」と言っていたのはとても印象的でした。

コミュニティなる内集団は、内には優しくまるで探していた自分の居場所のようですが、外集団にはネガティブな感情を表すことが多いとされています。外集団のメンバーの苦しみにはシャーデンフロイデ（他者の不幸や苦しみを知ったときに湧き上がる喜びやうれしさ）を感じ、幸せには舌打ちをすることはなんら珍しいことではなく、これが格差や差別、対立や分断を招いたりします。

まさに、**繋がっていくから、分断していく**のです。このグローバル化が進んだ大きな社会において、一人ひとりが自分に心地よい空間を選び取ろうとした結果、繋がるものもありつつも、分断や対立もまた拡大しています。

美しい共感ほど暴力的になりやすい

内集団がもたらす影響で、私が最も問題意識を感じているのは、一つの内集団において特定の同一性が前面に出ることで、他の同一性を度外視する作用が働くこと。「前面に出る特定の同一性」とは、例えば外集団への憎悪や嫌悪といった感情です。ネガティブな価値観は内集団で共感を生み、その中での結束を強める要素となりえます。

そして、共感の度合いが極めて高い地点に到達したとき、その点だけが突出して出現し、価値観から外れた対象に向かって猛威を振るうことがあります。ちなみに、たとえ内集団のメンバーであっても、突出した価値観から外れていると見なされた者は外集団と認識され、攻撃の対象ともなります。

また、そうした集団における同一性において、新しい集団同一性は古い集団同一性とすぐに置き換わるともいわれています。

ニューヨーク大学の神経科学者ジェイ・バン・ベイベルの実験では、白人と黒人をそれぞれ数十名集め、彼らにタイガーズとレパーズという2つのチームのどちらかに自分が所属しており、他の誰がどちらのチームに所属しているかを叩き込みました。

その結果、自分と同じチームに属する人の顔と、そうではない人の顔を見たときで、好感に関与する眼窩《がんか》前頭皮質の活発具合が明確に異なり、前者のときに活発になることが示されました。黒人と白人という既存の集団同一性を瞬時に塗り替えたわけです。

内集団では、良くも悪くも共感が強く作用しています。特に共感が怒りや憎しみにリンクするとき、既存の内集団の性質を一瞬で変えるほどの力を持ち、それによって過激な行動へ繋がることもあります。私たちは意図せずそうした環境の中にいることがあり、コミュニティの時代においてそのリスクは常に存在しています。

私が最初にこのことを〝自分事〟として感じたのは、実はデモ活動をしていたSEALDsとの絡みでした。

当時、彼らは私と同世代であり、知人も多数賛同・参加していたので、定期的にデモやスピーチに誘われていました。私なりに考えることがあり、誘いを断っていたのですが、その中で「永井さんは案外右派で、安倍政権支持派で、戦争肯定派なんですね」と複数人に言われたことを今も鮮明に覚えています（SEALDsを批判しているわけでは全くありません）。また、とある取材の際に、「これまで多くのNGOにお話を聞いてきましたが、NGOで安保法制に明確に反対しないのは初めてですね」と鼻で笑われたこともありました。

彼らと私は世界を良くしたいという素朴な思いも含め、実に多くの同一性を共有していましたが、それらは軽々と凌駕されてしまったのです。当時私は、人間とはなんとおっかないものかと驚いたのを鮮明に覚えています。しかしこのように集団同一性なんてものは、コロコロと変わりうるものなのです。だからこそ、その危うさに自覚的である必要があるのです。

当事者の声に同調しすぎることの危険性

さらに、共感しすぎて攻撃的になってしまうこともあります。過度な共感からの暴走として私が思うことは、被害者の報復感情などに寄り添うあまり、関係がない第三者であるにもかかわらず、被害者の代理としての意識を持ち始め、被害者の悲しみや怒りを勝手に代弁、そして代行していくことです。

これも紛争地から日本まで言えるのですが、例えばよそ見運転による交通事故でとある親子を轢いてしまい、重度の障がいが残ったという出来事が起きたとき、親子側の悲しみや怒りはあまりにも耐えがたいものであると思います。

しかし被害者へのケアはまだまだ十分ではなく、どうしても加害者の権利のほうが守られがちというか、被害者には報われない想いや見捨てられる想いというものが強くある、ということは長く指摘され続けてきました。

そういう中で、強い感情に多くの善良な市民がそれこそSNSを含むインターネット上で深く共感し、反応をするわけです。「日本の司法制度は腐ってる。これでは被害者があまりにもかわいそうで報われない。自分にも娘がいるが、もし娘が殺されたら殺し返すだろう。だからせめて加害者は社会的に抹殺させなきゃ」などと考え、加害者の名前、SNS、経歴、実家、写真などをリサーチし、白日の下にさらし、社会的に殺すといったように。

ここでは連帯が生まれることもあり、インターネット上の匿名掲示板などで知らない者同士が手分けして情報を調べていくことも多々あります。被害感情や報復感情に強烈に共感した結果、「被害者の代わりに」という大義名分を胸に堂々と棍棒を振りかざす。こういうときこそ第三者、もしくは社会などの役割が大切になるのにもかかわらず、共感に焚きつけられた暴力的で過激な自衛団が生まれてしまうのです。

こうしたことはTwitterなどでも日常的であり、「ポリコレ棍棒」というワードで話題にもなりました。何か間違いを見つけたら、公衆の面前に引っ張り出して、みんなで大いにボコボコにする。

政治の問題などにおいては、時には何か問題解決の入り口になるかもしれません。ただ私からすれば、ほとんどがリンチと同じです。「弱い者いじめはダメ！」と言いながら不特定多数でボコボコにしていく様相は、ただただ恐ろしいですし、社会的なものとは決して思えません。

また、どうも「当事者が全て」「当事者が尊い」という節が散見されるのですが、そんなことはありません。当事者の声は紛れもなく重要ですが、それが全てではないのです。

私は紛争解決や平和構築などに関わっているので、その重要性は仕事上でも重々意識しています。でも、それ以上に「当事者でない人がどうあるべきか」ということを考えます。**当事者だけでは解決できないことがあるのです。**

例えば喧嘩一つとっても、当事者同士だけではどうにもならないことがあります。そんなとき、理性的な友だちや先生、時には地域の人が不可欠な役割を果たしたりするのです。

当事者の声に同調することは簡単です。しかしそれだけではその問題をさらに強化してしまったり、さらなる問題を生み出すことだってあります。そして、往々にして問題の解決には当事者以外の第三者が必要なのです。

批判よりも偽善のほうがいいことだってある

そんな世の中で、もうおなか一杯ですとなる人も多数います。ＳＮＳはもう見たくないという人もいれば、「絆」や「One Team」といった団結や連帯を呼びかけるスローガンに食傷気味になる人もいるのではないでしょうか。それこそ新型コロナウイルス感染症が猛威を振るう中、「絆」だとか「団結」といったワードを使いつつ東京オリンピック・パラリンピックの開催を断固として推し進める姿を見て、心底嫌気がさす人も多かったと思います。

私自身、美しい言葉を主張しながら内集団にいない他者に攻撃的だったり閉鎖的だったりする無自覚な人々を目の当たりにして、やるせない気持ちになることが多々あります。先述したとおり、どこもかしこも共感を目掛けた工夫が飛び交っているため、共感の嫌な性質や共感していった果ての反動などで疲れてくるのです。

トラウマや悲しい出来事に共感しすぎることで生まれる「共感疲れ」や「共感疲労」といったことも、近年問題として取り上げられるようになりました。昔に比べてあまりに情報量が多くなり、共感が反応する物事と接することは間違いなく増えています。

最近では、感動ポルノという言葉が話題にもなりました。感動や共感を煽るためにかわいそうな人を起用することに拒否反応を示す人も多くいます。

感動ポルノという言葉は、オーストラリア人のジャーナリスト兼コメディアンであったステラ・ヤングが考案した造語です。

彼女は自身が持つ障がいについての社会の眼差しから問題意識を持ち、「私は皆さんの感動の対象ではありません、どうぞよろしく」というＴＥＤのプレゼンは日本を含む世界中に衝撃を与えました。

思いやりなどをテーマとする24時間テレビなどに対しては、むしろ偽善や害などといったコメントも増えているように感じます。共感を煽ろうとする工夫にそのまま流されないといったことでもあるので、むしろ良いことでしょう。

でもそうした批判は、感動ポルノなどではない普通の善意にも悪影響を及ぼすこともあります。

例えば、普通の善意に対して「人を助けたいとかも全てエゴで偽善だよね」「NPO法人ってのは、お涙頂戴やってるところでしょ?」などと言われることも珍しくないです。社会を良くしていくような健全な共感（それこそ理性的で認知的な共感）などに対しても、ニヒルになっているのかもしれませんが、これはこれで問題と言えるのではないでしょうか。

その昔、丸山眞男が『偽善のすすめ』で懸念したように、社会的に善な物事全てになんでもかんでも批判してしまっては、善や悪、正義や不正義などへの感覚がマヒしてしまいます。

重要なことは、問題意識とその理解、そしてその問題への行動とその理解だと私は思います。つまり、地（問題）に足がついているかということです。

また、「やらない善より、やる偽善」などと言われるように、社会的な善なるものがおよそ行動に宿っているのであれば、その行動の結果はやはり大きいと考えます。あくまでも感動ポルノが賛否両論あるのであって、善が悪いという話ではありません。結局のところ何事もバランスですが、こうした世界で、より一層包括的な視座を持つことが求められているように思えます。

第3章

紛争地域から見る
共感との付き合い方

大きな危険を伴う紛争地で活動を続ける理由

大学3年生の頃、Facebookを通じてメッセージが届きました。

「お前をイスラム法廷で裁く。死刑」

私への死刑宣告でした。

送り主は、とあるソマリア人男性。彼は、私たちが手がけるソマリア人ギャングに対する脱過激化と社会復帰の取り組みで受け入れた一人でした。

とあるギャング組織のリーダー格でありながらソマリアの民兵組織に入った彼は、違法ドラッグでハイになっている間は特に危険で、銃やナイフを持ちながら時折その攻撃性をぶちまけてきました。このようなメッセージのあとには、多くの場合銃を持っている写真や残虐な写真が威嚇のように続けて送られてきます。

それが初めての脅迫でしたが、その後もさまざまな脅迫に苛まれました。些細な誤解から激高し、「殺してやる」と息巻き、私たちの現地の事務所の近くまで来て粘り強く脅迫してきた人もいました。しまいには私の写真を勝手に使って指名手配のような画像を作り、ギャングの中で拡散されることもありました。

最近では、テロ組織からの自発的投降（自発的な降参）を促進する取り組みもしており、テロ組織との戦闘の文字どおり最前線で、現地の軍などと連携して自発的投降への恩赦やリハビリテーションの案内と相談窓口の案内をしています。その取り組みを通して、これまですでに140名以上の自発的投降を実現することに成功しています。

投降の相談窓口であるホットラインナンバーには私たちが現地政府と共に対応しているのですが、かかってくる電話の半分は激烈な脅迫です。

「ぶち殺してやるから待ってろよ」というものに始まり、「この地点（テロ組織が支配している町）までどうか来てくれ（捕まえて殺してやる）」というものまでさまざまです。この取り組みでは、日本人であること、私たちの組織名など特定される情報は隠しているので直接的な被害はまだありませんが、それでも電話対応の人が病んでしまったことはありました。

2011年、大学1年生のときに、「比類なき人類の悲劇」と言われたソマリアの紛争を知り、その紛争解決を決意し、行動し始めて、かれこれ10年が経とうとしています。ソマリアをどうにかするのだと決意し始めた活動は、無事そのまま大人としての本業となり、今ではソマリアだけではなくて世界のテロと紛争の解決を目指して、テロ組織からの投降促進や投降兵・逮捕者の脱過激化と社会復帰支援、社会との和解醸成などに取り組んでいます。

とはいえ、私たちの仕事は楽しいことよりも辛いことのほうが圧倒的に多いものであり続けています。

突然の殺害予告はもはや慣れましたが、テロや銃撃戦を間近で経験したこともあるし、共に働いている人々の中で、テロの被害にあって重大な怪我を負ったり、亡くなってしまった人も複数人います。

また、私たちが受け入れた対象者の方々がその後戦闘やテロで亡くなったケースもあります。最近では、2021年1月に巣立っていった元投降兵でサッカーが大好きだった21歳の少年が、念願かなって政府軍の兵士になったものの、テロ組織との戦闘の際に戦死してしまいました。

彼はもともと好きでテロ組織に入ったわけではなく、テロ組織から脅迫を受け、断ることができずに友人と加入してしまったケースでした。勇気を出して投降したあと、努力してどうにか新たな人生をスタートできた直後の死亡というのは、やはりやるせないものです。

また、そんな紛争地で、このようなおよそほとんどの人が嫌がる仕事なもので、常に最悪のケースを想定したリスクマネジメントをしなければならず、誘拐されたときにどうするかなどを考えると毎度精神が磨り減りますし、対象者とも喧嘩することさえあります。

ではなぜこんな仕事をしているのか、続けているのか。

それは、シンプルにテロと紛争をなくしたいと思うからです。

全く好きでも得意でもないけれど、世界を良くすることを考えたとき、それは「ニーズの多寡」と「やれる人がいるかいないか」の2つの視座から検討すべきことだと考えました。

テロと紛争をなくすためには、和平プロセスや和平合意が組めない紛争地で起きる憎しみの連鎖や、紛争当事者が社会に戻れず暴力を繰り返してしまう負のサイクルを崩し、平和を前進させるポジティブな循環をどうにか創り出すことが必要となります。

永遠に机にかじりついた浪人時代を経て大学に入学した2011年当時から、国際協力の活動分野、特にNPOやNGOには大きな偏りが存在していました。場所としては東南アジアがダントツで人気でしたし、分野としては教育がぶっちぎりで、人道援助や保健衛生なども国際協力活動を志す若者の心を掴んで離しませんでした。そして、支援対象としては共感しやすい子どもや女性、難民が今と変わらず人気でした。

そのこと自体を非難するつもりは毛頭ありません。ただ事実として明らかに偏りは存在していましたし、今も強く存在しています。

その現実を前に自分としては、どれだけリスクがあろうと、前例がなかろうと、ニーズがあるのに見捨てられている、誰も祈りもしない、ソマリアになんとしてもこだわろうという気持ちが強くなりました。

「世界で最も危険な場所」などとも言われていましたが、そんなことは些末なこと。何がやれるかではなくて、何をすべきかでイシューを選び、そこから帳尻を合わせようと決意したのです。

そこで、まずはソマリア人やソマリアの関係者と繋がるべく走りまわり、その後は、自分たちだからこそできることをやろうとしました。

しかし、さすがに現地には問題も多々あったため、結局紛争孤児の留学支援や、スポーツ用品を収集し、現地の若者のスポーツチームに送ることなどから始めることになりました。それらの活動と同時並行で支援のニーズを調査しつつ、どんなアクションがベストなのかと常に考えながら動いていきました。

活動していくうちに、問題をどうにかするためには、**被害者よりも忘れ去られている加害者側に目を向けることが、問題解決において不可欠であるうえに費用対効果も**

高いということを見出していきました。そしてそこにこそ、私たち若者だからできることがあると理解をしたのです。

そうして私たちは同世代でもあったソマリア人ギャングにフォーカスし、彼らの変革を目指し始め、今ではテロリストにも拡大していきました。

こうした取り組みを通して実感したのが「共感」への問題意識でした。そうしてこれまで述べてきたようなことを真剣に考えるようになりました。私は研究者ではありませんが、実務者として考えること、言えることがあるのではないかと思ったのです。

悪魔のように見える相手と正面から向き合う

さて、他者に共感する能力は、問題を解決し社会を良くしていく鍵の一つとして、紛争解決や平和構築の分野でも育てて伸ばしていくべきものだとされています。紛争や対立には想像力や共感の欠如から引き起こされるものもあり、自分だけではなく相手の背景を知ったり、相手のことを考えてみることの重要性が紛争地や紛争後の社会で説かれています。

例えば、1994年にジェノサイドが起きたルワンダでは、国内にいくつかのジェノサイドメモリアルセンターがあり、国内の子どもたちはもちろん、海外からも多くの来訪があります。ルワンダジェノサイドでは、普通に共に暮らしていた人々が扇動され、昨日まで友人であったような人を次々に惨殺し、およそ80万人が虐殺されたといわれている近現代史最悪の出来事の一つです。

そうしたジェノサイドをもう二度と起こさないという強い意志の下、メモリアルセンターでは、惨殺された遺体や扇動ラジオの音声、武器などが展示されるとともに、「もしあなたが私のことを知っていて、あなた自身もあなたのことを知っていたら、あなたは私を殺したりしないでしょう」という有名な一節が紹介されています。まさに、他者の理解、相互の理解、他者を想起し共感し合う、そんなことがよく伝わるフレーズです。

私は過去2回センターを訪れましたが、独特な臭気の中でずらりと並んでいる遺体や頭蓋骨を眺めながら、このフレーズの重さをひしひしと感じたものです。なぜ同じ人間がこうも残酷になれたのか。なぜこうも頭や手足ばかり狙ったのか。そこにはそのフレーズのとおり、自己と他者への理解がなかったのだと思いました。

そんなルワンダは現在でも大小さまざまな問題があるものの、こうした暗い過去の振り返りから多くの人々が学び、アフリカでも最も安全な国の一つになりました。

前述したとおり、私はソマリアやイエメンといったアクティブな紛争地でテロ組織からの投降兵や逮捕者の方々の更生支援や社会との和解醸成を仕事としていますが、彼らへの脱過激化のプログラムなどでも、そのようなことを伸ばすプログラムを取り入れています。

例えばカウンセリングでは、自分がなぜテロ組織に入ったのか、なぜテロ行為をしたのかといった点を掘り下げていきます。加えて、皆イスラム教徒なのでイスラム教の考えをベースに、他者の人権や倫理について、みんなで考えるゼミを週1回行っているほか、対話ができる社会側の代表者の方々をお呼びし、お互いのことを知るためのダイアローグイベントなども実施していたりします。

悪魔のように見える相手であっても、その人にはどんな背景があるのだろうか。悪魔と自分に共通することはないだろうか。何か共感し合えることはないだろうか。悪魔だから殺していいのだろうか。さまざまな切り口から彼らと暴力的ではない行動を共に考えています。


道徳や倫理、正しい考え方を押し付けるように教えても、さらに反発されることも多々あります。一方的な宗教再教育も効果的なケースもあるのですが(特にこれまでイスラム教を詳しく学んでいない方々)、少なくない数の人が押し付け的教育プログラムに反発します。だからこそ、共に自己と他者について考えていくことが大切なのです。

「外国人は全員敵だから倒す」と言うけれど、なんでだろうか、本当に全員敵なのか、むしろ仲間になりうるとしたらどんな人だろうか、そんな人はいないだろうか、一緒に協力したほうがより良い社会や世界を創れるのではないだろうか、など一つずつみんなで考えていくのです。

すると、実際に多くの対象者が自己と他者の間に共通することを見出し、相手を悪魔ではなく同じ人間と認識し、暴力的ではない行動の可能性などを見出していくことができたりします。

ただもちろん、さっぱり話が通じないという人もいます。2019年に刑務所で受け入れた元テロリストの20歳の青年は、故郷はテロ組織が支配しているエリアであり、父親はテロ組織メンバー、それでいて故郷の友人らも何かしらテロ組織と関わっているタフなケースでした。刑務官や刑務所長の前では適当に繕ってやり過ごしますが、腹を割って話すと、内面は暴力的過激主義を依然として信じているわけです。彼の釈放までの1年少しを私たちが担当しましたが、結局内面は大きくは変わりませんでした。こうしたこともまたリアルな現実です。

更生がうまくいかなかったとしても、目を背けてはいけない

重要なことは行動です。内面は過激だけれど、ひとまずテロ行為から離れたということ、離れている状態をあの手この手で維持し続けるということを皆で実現していくことから頑張るしかありません。

というか内面は個々人の権利の領域であって、何を考えていようが一概に咎められるというものではありません。専門用語を少し使うならば、脱過激化（de-radicalization）していなくても脱行為化（disengagement）していればいいのです。むしろ思想的な脱過激化はなかなか100%の水準になることは難しく（100%大丈夫なんてないですが）、だからこそ社会においてどのように脱行為化を維持していくかということが肝要なのです。

一般的な犯罪学における更生理論に基づいても、どうしたって更生の道というもの

はジグザグしたプロセスであり、その過程を長期的に良い方向に向かい続けるように支えることが本質的な更生保護でもあります。

そのため、私たちは刑務所やリハビリ施設を出たあとも〝おかん的存在〟として長期的に彼らを見守りケアし続けています。社会に出たあとにビデオ通話でのカウンセリングとモニタリングなどもしますが、そこでも彼らの内面にまだ過激性が残っている場合は、いろいろとディスカッションなどはしつつも、無理に突っ込むことはせず、過激でない行動を賞賛し後押しして、新たな人生を築いていくことを見守るのです。

ただ誤解してほしくないのですが、もちろん失敗もあります。

特に投降兵周りでは、スパイとして偽りの投降をして、施設などを確認し、釈放後にテロ組織に戻って施設を攻撃するというケースが実はこれまで複数回起きました。最近では2021年4月に、一人の元投降兵がテロ組織に武器を持って戻ってしまいました。人が嘘をついているか否か、嘘をついていないとしても明日どうなっているか、などわからないため、どうしてもこうしたことは起こりえます。

しかしこれもまた直視しなければならない現実であり、こうした現実を踏まえてどうあるべきか、何をすべきかを常に考え、解決に向けて動き続けることが大切です。失敗があるからといって、ああ意味ないんだ、ということでは決してありません。

悲劇の連鎖を止めるために

また、受け入れる社会側の方々への説明会や和解醸成セッションでは、どうかテロリストと呼ばれる人々の背景をも共に理解してほしいとお願いしています。

もちろん、無実の人を殺したりしたことに対する強烈な恐怖や怒りは当然です。決して否定することはできません。彼らへのケアは別の話として不可欠です。受け入れに肯定的である人もいますが、基本的にはやはり受け入れは難しいというのが大半を占めます。また、他人が被害者ならまだ考える余地はあるけれど、自分が直接的な被害者であれば無理というのが一般的です。

しかし同時に、テロ組織に脅迫されて加入せざるをえなかった実情や、テロ組織に洗脳され銃の撃ち方はわかるけれど、そのあと何が起きるかなどはわからないというテロリストたちの悲しき現状などを説明しています。すると、「もしかしたら自分も彼らの境遇にいたらテロリストにならざるをえなかったかもしれない」と考える方が出てきて、実際的に彼らの受け入れや彼らとの対話などに前向きになることが多々あります。

これは、彼ら個人もそうですが、社会にも目を向けてもらうということでもあります。それがないと、この悲劇はおそらく今後も続いてしまいます。そうした中で、圧倒的に異なる他者に共感を見出し、距離が近づいていくということが生まれたりしているのです。

もう一つ例を挙げると、1990年代ユーゴスラビアが崩壊していく過程で勃発したユーゴスラビア紛争の流れを汲み、今でも東欧のボスニア・ヘルツェゴビナでは3つの民族間で政治から教育、生活環境までもが分断されています。ボスニア・ヘルツェゴビナは多様な文化を持ち、雄大な自然と長い歴史を持つ非常に美しい国であり、今ではすっかり旅行地としても人気があります。私にとっては和平プロセスの実務者研修で出会った良き友人が暮らす国でもあり、幾度となく同国の和解や和平について議論をしてきました。

そんなボスニア・ヘルツェゴビナは、今でも真の和解（何をもってして真の和解なのかということも難しいですが）には程遠い状態が続いています。

大人たちは苛烈に戦い合った歴史もあり、なかなか難しい側面もあるが故に、未来を創っていく子どもたちにそうした分断を乗り越えてもらおうということで、民族や宗教に関係なく自由に交流や勉強することができるスペースや、諸々を混ぜこぜにしてのサッカーなどさまざまな教育や相互理解の取り組みが実施されてきました。子どもたちが日々通う学校では、フェンスによって学ぶ空間も遊ぶ空間も民族ごとに分けられていたりしても、放課後に異なる民族が混ぜこぜになってスポーツをしたりするような平和教育が行われています。そこでは、自分と違う民族や宗教の人に対して理解を深め、共に時間を過ごし、共感し合い、結果として子どもたちが長く続く民族間の対立を乗り越えているということが多数起きています。

また、アメリカで起きた白人警察官による黒人男性の死亡事件に端を発したＢＬＭ（ブラック・ライブス・マター）や、環境活動家のグレタ・トゥーンベリさんが始めたフライデー・フォー・フューチャー（未来のための金曜日：気候変動へのコミットを訴えるために金曜日に学校をストライキするという運動）など、社会の不正義や地球規模の課題に対するムーブメントなどが世界中で強く共感され、拡大していったことは記憶に新しいです。日本でも、そうした取り組みに賛同し、全国各地でアクションする若者たちが実際にいます。

このように、共感はまさに社会と世界を良くする一つの鍵であることは疑いの余地はありません。特に、既存の枠組みだけでは対応できない問題を解決していくことに共感は大きな役割を持っているのです。

ただ、実はこうしたことは明確に紛争や対立などの原因の一要素にもなっています。

繰り返しですが、例えば1990年代のジェノサイドでは、特定の民族へのヘイトが扇動され、同じ国民であることや幼なじみ、同僚などの同一性を完全に無視して大虐殺へと発展しました。昨日までの友だちを、今日生き生きと殺戮するということが起きたのです。

また、全世界規模で展開されるテロとの闘いにおいて、無実の市民を殺すテロリストに対する強い嫌悪感や憎しみが前面に出されることも同じ作用です。一度敵と見なしたあとは、友好的な姿勢はむしろ非難され、やり返すことが賞賛されたりもします。人を殺すことは悪いことと思いつつも、集団に逆らうことも難しいと思い、敵となった人を殺すことにしたというケースも全く珍しくありません。こうしたことは全世界的なテロとの闘いでも、アフリカの辺境地の民族紛争でも、起こっているのです。

特別対談

×

石川優実

社会運動において自覚的にならなければいけないこと

石川優実（いしかわ・ゆみ）

1987年生まれ、愛知県出身。俳優・アクティビスト。2005年に芸能界入り。2017年末に芸能界で経験した性暴力を #MeToo し、話題に。それ以降ジェンダー平等を目指し活動。2019年、職場で女性のみにヒールやパンプスを義務付けることは性差別であるとし、「#KuToo」運動を展開。厚生労働省へ署名を提出し、世界中のニュースで取り上げられる。2019年 10月、英 BBC が選ぶ世界の人々に影響を与えた「100 Women」に選出。2019年 11月に初の著書『#KuToo ーー靴から考える本気のフェミニズム』（現代書館）を出版。「2019年新語・流行語大賞トップ 10」に #KuToo がノミネート。

◉目次

「靴」がムーブメントのフックになった

永井　私は主にソマリアやイエメンなどの紛争地で、テロ組織から投降した人や逮捕された人たちの更生支援をしています。テロや紛争を解決するためには加害者とされる側をなんとかする必要がある。しかし、国際協力などの分野では、一般的に、被害者とされる側の子どもだったり少女だったりには共感が集まるけれども、加害者側の青年やおじさんなどには共感が集まらないのです。

私は当初は、「共感なんていう情動的なものじゃなくて、理性こそが大事なんだ！」「いわゆるテロリストにだって人権はある！　そのことを理性で理解することが大事なんだ！」ということを言っていました。

ですが、一方では最近はアメリカを中心に巻き起こったブラック・ライブズ・マター(Black Lives Matter＝ＢＬＭ：黒人の生命・生活をもっと大事にしようという運動)や、スウェーデンのグレタ・トゥーンベリさんによるフライデー・フォー・フューチャー(Friday For Future：気候変動への大人たちの無策に抗議する運動）などのムーブメントがまさに「共感」を梃子《てこ》に広がり、多くのアクションを生み出し、社会を変えていることも理解しています。

日本では、石川さんが始めた「女性が仕事でヒールやパンプスを履かなきゃいけない」という風習に抗議する「#KuToo」運動が多くの共感を集め、フェミニズムに対する日本社会の認識がたしかに変わりつつあると感じます。今回まずは、石川さんが「共感」を集めるということについて、どう考えていらっしゃるのかを伺いたいと思うのですが。

石川　#KuToo が運動としてこれだけ広がったのは、「靴だから」というのはあると思うんです。そもそも私、靴自体にはそこまで深い思い入れがなくて。実際に職場で「ヒールを履け」と言われ、足が痛くなるから嫌だったんですが、そんなことは女性だったら誰でもたいていい経験していることだと思ったんです。さらに私の場合、たまたまフェミニズムのことを知っていて、「これって実は女性差別の問題なんじゃないか？」という意識を持てた。

加えて以前、グラビアアイドルをやっていたときにセクハラがすごくあって、毎日そういう問題について Twitter でつぶやいていたんですが、そのなかでたまたま「靴」の問題がみんなにもすごく引っかかった、というのが始まりなんです。だからこれがすごくやりたいことだったわけでもなく、「この問題であればみんなに一番届きやすいから、ここから行ったほうがいい」と思っただけでして。
#KuToo の場合は、この運動がうまくいったところで、被害を受けたり、損をする人はいないと思うんですよ。損するのは女性にヒールを履かせたい人だけで、そもそもそんなことを強制する権利はないですから。これが出産や堕胎などの問題になってくると、こんなに「自分のことだけ」を考えてやってはいられなかっただろうと思います。#KuToo がきっかけになって「これって女性差別の問題なんだ」ということをつなげて考えられるようになれば、自然と他の女性差別の問題も解決されていく。そう思ったんです。

永井　フォーカスの置き方が、まさにムーブメントと言いますか、勢いをつける上ですごくレバレッジが効くポイントを突いていたんですね。「社会を変えたい」と思ったときに、どこをフックに進めるのがよいのか、という。石川さんは最初からそれを見極めていたわけではないのかもしれませんが、「靴」だからこそ、結果としてすごく刺さったと。

石川　私としては、あんまり「共感を得た」って感じではないんですよ。たまたまみんなが共通して本当にわかりやすいことだった、という。それが共感って言うなら共感なのかもしれないですけど。

永井　もし「女性の権利を！」と正面から言ってたら、ここまで広がらなかったかもしれないわけですもんね。「靴」というところで上手くフックを作っていたから、多くの人が「おかしいよね」となれたという。それはすごく本質的なことな気がします。

私は口を開けば「いや、権利こそ、人権こそが大事なのです」などと言ってきて、それがもれなく意味がないというのは、まさにそういった点が欠けていたからだと思いました。

石川　でも、そもそも「人権」という言葉がすごく軽いものとして印象操作されてしまっている、という問題もあると思います。だって、「人権派弁護士」って言葉って、変ですよね。

永井　そのとおりだと思います。人権派じゃない弁護士って、一体どんな仕事をしているんでしょうね（笑）。

石川　「フェミニズム」という言葉も同じだと思います。そういう言葉の扱われ方は変えないといけないんじゃないか、とは感じます。誰かの人権を尊重することは、他の誰かの人権を潰すことではないですよね。

永井　本当にそうなんです。例えば「誰かの人権を大切にしようぜ」って、結局その人権が及ぶ射程には、自分自身の権利のことも含まれている。だから「人権！ 人権！」と言うよりも、そこにうまく繋げるためのフックを考えないといけないんですよね。「うまくやる」というと、ちょっと小ずるい感じに聞こえちゃいますけど。

ところで、私はしばしば「なぜテロリストの支援をするのか？ 被害者は無視かよ」といった批判を受けます。その際、それがSNS上とかだと、「まあね、なかなか難しいよね」とか思いつつスルーしてしまいがちです。もちろん登壇とかの場での質疑応答などであればしっかり答えますが。一方で石川さんは、特にTwitter上でご自身に寄せられた批判に対して、丁寧に反論されていますよね。その意図って、どういうものなんでしょうか？

石川　まず、批判やバッシングは、もしなかったとしたら、その運動は本当にやる意味があるのか？ ということですから、バッシングがあればあるほど、やっぱり意味があることなんだろうと思います。

それと、女性が何か声を上げたときに、すごく的外れな批判をしたり、デマを流したりといったことが行われてきたわけです。それに対して「そんなの相手にしなくていいよ」と放置してきたことによって、たとえば「女の人は嘘をつくものだ」とか「ボディラインが強調されるような服を着ている女は、誘ってるんだ」とか、事実ではない話が定着してしまったと思うんです。そういう「事実ではないこと」が事実として定着し、広まってしまったことが、女性差別の構造を再強化してきたと感じたんです。

私が逐一反論しているのは、批判してくる人やデマを流している人に言っているというよりも、それを見ている人たちに「この話は事実ではないですよ」と言っていかないといけない、と思っているからなんです。私が考えているのは基本的に周りへのアプローチだけですね。

永井 そうか、そのやりとりを見ている人はいますもんね。

石川 そもそも私自身が30歳になるぐらいまで、あまり自分の頭で考えない人間だったんです。人の言ってること、数が多いほうを鵜呑みにしてしまっていた。だから多数派の言うことを鵜呑みにしてしまう人の気持ちが少しわかるし、昔の自分のような人間を新しく生み出したくない、という気持ちがあります。

永井　私はめちゃくちゃな批判が来ると、「うむうむ、そうだよなあ」という気分になるんですよね。昔は「いやいやこう言ってるじゃん、全部読んでくれよ」とか「それ、どう考えても誤解だし、非論理的すぎるでしょ」とか全部を実際に返答したりはしなかったものの、内面的にリアクションはしてました。ずばり批判に向き合うのはエネルギーを使いますよね。

石川　たしかにエネルギーは使います。ただ女性差別の問題って、そういう間違った話を「怒っても仕方がない」と放置してきたことによって、結局なかなか解決されてこなかった。だから放っておいてはいけないのかな、と思うんです。私はもともと、言われたら言い返したい性格なのもありますが、それだけではなく必要だと感じているからやっている、という感じです。

Twitterで批判が増幅される構造

永井　ＳＮＳで言うと、特にTwitterって字数も限られているし、議論も向いてないし、基本的にしょうもない空間だなと思わざるをえなくて、その結果あまり使わないようにしています。石川さんはそれこそ活発に利用されているじゃないですか。Twitterのどんなところに価値を見出しているんですか？

石川　Twitterは拡散ができるし、ハッシュタグを使って、みんなが問題だと思っていたことの確認・共有ができるので、運動にはすごく向いているとは思います。

永井　問題提起や共有の場としてはどんな空間なのでしょうか？　というのも、特に石川さんは匿名の人にすごく絡まれている印象があるのですが……。

石川　私のところには、ほぼ匿名の人が来ますね。リアルの世界では、知らない人に話しかけるときって慎重になるじゃないですか。でも、その人たちは「相手にこういう言葉を掛けたら傷つくかもしれない」というワンクッションが消えてしまってる気がします。そういう人と、お互いに尊重し合って話をすることはなかなか難しい……と思います。

永井　一般的には、まずは「はじめまして」から始めたいところですが、決めつけることはもちろんできないものの、匿名の人はそういう礼節を欠きがちかもしれませんよね。とはいえ、「こっちが実名なのに、あなたは名前と顔を出さないのはどうなのか?」と言うわけにもいかないですし。

石川　それもありかもしれないですけど、会話を切ってしまうことにもなるとは思います。あとはやっぱり、「他の人も見ている」という立場に立つと、「顔と名前を出してものを言え！」と言ってしまった場合、匿名の全然失礼なことを言ってこないような人たちも傷つけてしまう。だから、そういうことはあんまりみんなの前でやるもんじゃないな、とは思っているんです。

永井　たしかに、公の前でぶった斬られたら、斬られた側はすごいムカついてしまいますし、「じゃあ別のポイントで嫌がらせしてやろう」という気持ちになりかねない。そう考えると、匿名か実名かではなく、むしろ「失礼か、そうでないか」で対応を分けるというのもありかもしれないですね。たとえ匿名だったとしても、目の前で会っているかのように「どうも、はじめまして」という礼儀を持った人もいますしね。

石川　私は匿名の人の気持ちも聞きたい部分はあるんですね。特に#MeTooの運動もそうなのですが、自分が受けた性暴力の話を、名前を出して告発するのはとても危険です。そもそもフェミニストだというだけで家を特定されたり、本名を突き止められたりして脅されたりもします。匿名であれば、そういう危険性は減ります。だから匿名が悪いわけではまったくないです。

永井　逆に、顔も名前も出して公の場で発言をしている人でも「てめえ、コノヤロー!」と失礼な感じで突っかかってくる人もいますもんね（笑）。

ちなみに、石川さんがTwitterで運動を始められてから、Twitterの環境が変わってきていると感じたりしますか？　当時から変わらないのか、むしろ酷くなっているのか。

石川　私は2019年から#KuTooで女性差別反対運動を始めたんですが、以前から「2ちゃんねる」のアンチフェミの人たちの書き込みをまとめてバカにする「まとめサイト」があって、サイト運営者がそこに広告を貼って収益を得る、という構造がありました。最近気づいたのですが、そういうまとめサイトで私の存在や発言を知って、そこから私のTwitterに文句を言いに来る、というサイクルになっているようです。

ですからTwitterの環境がこの2年で悪くなったというよりも、単純に自分がターゲットになっただけ、という感じです。もっとも、まとめサイトの運営者の人が直接、私のTwitterにリプライを飛ばしてくるかというと、また違ったりしますね。

永井　すさまじい実態ですね……。

石川　そうやってお金にしている人、その人たちに煽られて動いている人がいる一方で、もっと本質的には「変わっていくことが怖い」と無意識に感じている人は、かなりいるとは思います。女性差別の問題が解決されていくと、今まで男性だというだけで優位に立てていた人は怖さを感じると思うんです。それを阻止するために労力を使っている、というのはあるかと思います。

永井　ジェンダーの問題は、誰もが当事者にならざるをえないというか、なってしまう。だからこそ、まさに「自分が脅かされている」というふうに思ってしまう、というのはあるんでしょうね。

SNS上の「心ない言葉」には慣れなくてもいい

永井　石川さんが発信されていることって、男の私から見ても「それはそうだよな」と思うのですけれど、女性の中に石川さんの発言に反発される方もいたりするんですか？

石川　それはたくさんいますよ。たとえば「私はヒール履きたいんです！」と言ってくる、とかですね。#KuToo の署名ページには、「ヒールやパンプスが好きな方は引き続き履ける権利を」と書いてあるのですが、おそらく読んでいないか、読んでいても「読みたいようにしか読んでいない」ということなのかなと思います。

やっぱり女性として生きていくときに男性社会に合わせないと生き残れないところ

はあるので、「女性の権利を……」と言い始める人を見て、「被害者ぶっている」と感じる女性の方はいます。それと、これまで世の中で「フェミニスト=悪いもの」と印象操作されてきたので、そのイメージを引きずって反発を覚える方もいます。私も女性なので「そういうふうに感じざるをえない状況があったんだな」という想像は働きます。ただ、やっぱり女性のほうが同じ目に遭っている可能性がすごく高くて、それを自分で認識できてないこともたくさんあると思うんです。

でも、ふとしたときに「これも女性差別だったんだ」「あのとき石川が言ってたことって、こういうことなんだ」と気づいたという声はたまにいただくので。きっと人それぞれのタイミングがあると思うんです。

永井　そうしたことって男性においても起きたりすることはあるんでしょうか。ジェンダーアイデンティティ周りのことをあまりに不勉強でして、失礼なことや不自覚に暴力的なことを言ってしまっていたらすみません。

石川　「Twitter上で批判的なリプライを送ってきた人に反論して、そのときは反発していたけれど、あとで「言われたことをよく考えたら、わかった」みたいなことを言ってくれる人も、ときどきいます。

でも私としては、そこは全然目指してないんです。そういう人って結局、社会がこうだからそういう考え方になってる部分が多いと思うので。社会側が変わってやっと変わるという気がするわけです。

最初は私が言っていることをちゃんと聞いてなかったんでしょうね。でも「ちゃんと聞こう」って思ってくれたのは、すごくありがたいです。それは、その人のタイミングだったんだとも思います。あんまり考えがなかった人が、何かがきっかけになって、自分の考えを持つようになるということもけっこうあるので、そこを自分としては考えています。

永井　前に春名風花さんとお話ししたことがあるんですが、春名さんは自分に批判的なリプライを送ってくる人の心理について、「あんまり興味がないんだと思う」とおっしゃっていました。春名さんがいじめ問題について熱心にツイートしてくるときに、それが目に付いて突っかかってくるけれど、他のツイートも読んでおらず言葉尻に反応しているだけだ、と。これは自分も思うことでもあって、「批判的なことを言ってるけれど、本当に建設的に批判が言いたいの？」と感じることは多いわけです。特に匿名の裏アカウントを使って叫びたいだけって人もたくさんいるわけで。叫びたいなら公共の場じゃなくて一人でカラオケとかでやれよ、他者を巻き込むなよ（笑）って思うんですよね。

だけどそこで春名さんは、そのやりとりをフックに問題自体に興味を持ってもらおうとしている、と話していたんです。ある意味で、鉄のハートというか強さを持っていらっしゃるなと思ったのですが、今の石川さんのお話にも近いものを感じます。

石川　私のところにしょっちゅう来る人は、1日に何十回とかリプをしてきたりするので、ちょっと依存性があるのかなとは思います。私がツイートするたびに反応してくるので、要は私が何をしゃべるのかを監視しているんですよね。でも、そもそも私、たくさんリプライが来るので、返していないのもたくさんあるんですよ。

永井　それって、もうほとんどラジオ番組に投稿するハガキ職人みたいな感じじゃないですか？　私もラジオに投稿して1回だけ取り上げられたことがありますけど、めちゃくちゃ嬉しかったです。もしかしたらそういう人たちにとって、石川さんへの絡みがある意味で生き甲斐になっているのかもしれないですね。

石川　うーん……こっちのメンタルが良ければ、それでもいいかもしれないですけどね。

永井　それは全くもってその通りですね。誰もがそんな鉄のハートを持ち続けられないですし、その状況に慣れろというのもおかしいですし。付き合い方が難しいですね、本当に。

石川　そう思います。心ない言葉に対して傷つくという感覚を麻痺させてしまうのは、危ないと思うんです。

「議論」は本当に必要なのか？

永井　こういう話になると「みんなで議論していくことが大事だ」という美しい話が、必ず出てくるじゃないですか。でも、ふと考えると「どこで議論するんだろう？」と思うんです。「まさかSNSで議論しろってことじゃないですよね？」と。

石川　それはあると思います。SNS上だけではなく、テレビやネットの討論番組だって、結局は議論の前提が共有できていないままに進めてしまっている。パネリストのなかには最初から喧嘩腰で議論を吹っかけてくる人も少なくないので、そうなると話が成り立たない。

それで私が怒ったりすると、「ヒステリーだ」ということになる。これも女性差別のひとつだと思うんですけど。だからこっちはなかなか怒れないんですよね。「私は怒っちゃダメなのに、なんであのおじさんはあんなにヒステリックに怒っていいんだろう？」と思います（笑）。でも、こっちが怒らないと、それはそれで「石川が論破された」というふうになってしまう。

本当に、議論って必要なんだろうか？　と思っちゃいますね。「議論しよう」と言ってくる人って、「お互いにいいところを見つけていこう」ではなく、無意識に「こっちの意見に合わせろ」というスタンスになってしまっていることが多いと思うので。

永井　議論したとしても、そこにジャッジする人がいないですもんね。「ふむ、正論である」って誰が判断するんだ、という。ジャッジとかではなく、お互いを理解し合うという議論の場になるのも有意義ですが、それこそさらに難しい話であったりもします。

石川　結局は、その人が判断する「正論」ですから、「正論って言葉に意味があるのか？」とは思ってしまいます。言ったもん勝ちみたいなところがある。ただ、そういう「議論の場」では、「言い合い」みたいなもののほうが、見たい人が多くて、需要があるんだと思います。

永井　討論番組って、一見「議論の場」として設定されているようでいて、単に見世物にしてるだけだったりしますからね。議論が深まることは別になかったりする。というか、各々好きなことを喋って番組的に面白いけど、価値はなさそうというケースも散見されます。

アメリカの社会心理学者ジョナサン・ハイトが書いた『社会はなぜ左と右にわかれるのか――対立を超えるための道徳心理学』という面白い本があるんですけど、そこでは「リベラルはいつも正しそうなことを言っているのに、なぜ負けるのか」が分析されているんです。たとえ右と左で話し合ったとしても、双方が大事にしている要素が違うから、結局いくら論理的に正論だとなっても、「そっちが大切にする点においいてはそうかもしれないけど、こっちが大切にする点では全くそう思わないし、なんならムカつく」となってしまう。もし議論を戦わせる場を作って「こっちのほうが論理的にポイントが高いので、こっちが勝ち」となったとしても、実は大して意味はないんですよね。そう考えると、本当にどこまで議論や対話が必要なんだろう、ということは検討される必要があると思います。どこまでというか、どのようにというか。

石川　話が噛み合わないというのは、本当にそうだなと思います。いま、私と永井さんはこうやって会話ができているけれど、討論番組もTwitterも、それがまったくできなくなるんですね。だからもし議論をするなら、「いま何が問題で、この問題を解決するにはどうやって、何を考えていけばいいのか」ということを目的にしないといけないと思います。

永井　私はテロ組織からの投降兵の方々の社会復帰を実現するために、社会側の方々を交えた対話セッションを行ったりするんですが、以前、社会側の人に「お前、何も知らないアジア人のくせに、なにが『赦せ』だ。都合のいいことばかり言ってんじゃねえぞ」と、本気で怒られたことがあって。それはたしかにそのとおりなわけです。自分は「和解、大事」とか「平和構築、大事」などと言っていたわけですけど、なんて愚かで浅はかなことを自分は……と、すごく考えさせられたことがありました。

石川　反対意見とかバッシングのなかには、たしかに本当に聞くべきこともたくさんありますよね。それをトンチンカンかどうか判断するのも結局自分だったりする。永井さんの場合は、命に直結するような問題なわけですもんね。

永井　今、地球上に78億人いる中で、どこまでを対象に議論すればいいのか。例えば「ジェンダーについて考えましょう」というときに、男性、女性、そしていろんな立場の人がいる中で、各立場の人1～2人代表者として呼んだとしても、その人は本当に代表者なのか。そんなことを考えると、ますますどうやって議論するのが適切なのか、非常に難しいと思わざるをえません。

石川　私も、代表者の問題はよく「嫌だな」と感じます。自分が議論の場に呼ばれて、そこで喋ると、それだけで「フェミニストの代表」という感じにされたり、もしくは「勝手に女の代表ぶるな」と言われたりもする。私はそんなことは思っていないですし、極力「女性は」ではなく「私は」と言うように気をつけています。気をつけているんだけれども……見る側が勝手にそう解釈してしまったりする。

永井　私はもうすぐ30歳でバリバリに大人ですし、この活動をかれこれ10年やっているんですが、メディアとかではいまだに「若い活動家」として紹介されます。プロフェッショナルとはされない。このアンタッチャブルとされてきた未開の分野を大真面目に真正面から開拓しているんですけど、どこまで行けば若造じゃなくなるんだと思ったりします。

石川　そういうふうに見られてしまうことを、「それはあなたの責任だ」ということにする人が多いんですよね。でも、「いや、違くないか?」って思うんです。こちらだけが気を付けてもどうにもならない。そもそも人をひとまとめに見ていること自体、差別的な考えです。だから、そこに関して私は「見る側の意識を変えてほしい」と言い続けています。

永井 こちらがアプローチを工夫することも重要ですけれど、たしかに受け手の側にも「見方を変える」ということを求めてもいいのかもしれないですね。

フェミニズムとBLMはなぜ「大事」なのか

永井 私はこれから向こう10年で、今テロ組織などにいる若者に対して然るべき支援なり保護をするべきという認識を、それこそ国際条約化を視野に入れつつ実現しようと息巻いていたりします。しかし、おそらく世界中から「いやいや、戦争やってるやつなんだから殺されても文句はないでしょ」などと言われることは想像できます。とはいえ、社会も世界も「若者は適切にケアされるべきだ。そして若者は世界を良くする主体だ」と言っていて、その若者の定義は15〜24歳、29歳、35歳とかなのですが、テロ組織や武装勢力にはどれだけの若者がいるんだ？　という話なわけです。

石川　「そもそも、その人はなぜテロ組織に入ったのか」というところまで考えない人が多い、ってことですか？

永井　まず、事情を知らないことも多いですよね。例えば、ソマリアにしてもテロ組織の支配領域だと、そこに住んでいる人たちって拒否権がないのでテロ組織に参加せざるをえないんです。銃口を突き付けられて「参加しろ。しないなら死ね」という世界ですから。そうしてテロ組織の戦闘員になった人に対して自分は何を言うべきなのか、何を言えるのかという。

石川　そういうことを知ったら「そいつらが悪い」ということだけは絶対に言えないと思うんですけど。となると、「やっぱ放っておいちゃダメでしょ」って。

永井　やはり大切なのは「社会の問題、構造の問題なんだよ」というメッセージを前に出すことかな、とは思うんです。ジェンダーの話で言えば、誰しもどこかしら当事者として引っ掛かるところがあるし、「自分一人の話でもなくて、社会の問題でもある」ということを言うわけですよね。でも「社会の問題なんだぞ」という話は、理性的ではあるけど、そうなっていけばいくほど求心力が減ることもありえる。

石川　そうですね。ただ、私は社会の構造をずっと言ってるのに、「石川個人が勝手に言ってるだけだろう」という感じにされることはよくあります。「石川は男が嫌いなんだろう」ってことにもされるし……。それはやめてほしいと思っていて（笑）。

永井　その部分もたしかに、受け手の側に変わってもらうことを求めてもいいのかもしれないですね。ただ結局、社会を変える運動や取り組みって、多くの人を巻き込んでいく必要が、おそらくあると思うんです。そのときにどれだけ、「そんなの嫌だ」と言っている人を巻き込むのか、または巻き込まないのか。もし巻き込まないのであれば、「彼らに対して我々はどのような姿勢で、何を言えるんだろう？」ということを考えてしまいます。

石川　私は反対意見を持つ人たちを説得して巻き込む必要は、まったくないと思っていて。というか、反対してくる時点でもうすでに巻き込まれていると思うんですね。

永井　なるほど、たしかに（笑）。石川さんが取り組んでいる女性差別の問題もそうですし、ＢＬＭもそうなのですが、ジェンダー、人種、それと宗教の話って、勝手に当事者にさせられちゃうみたいなところがあるじゃないですか。

多くの女性が「女は黙ってろ」とか「女は感情的だ」って言われたときに「は？」ってなるのと同じように、「男性はこう」って言われると「は？」とはなってしまう。

ＢＬＭだったら、白人が一番優位な立場にいて、そこで歴史的にも現状的にも虐げられている黒人がいる、という構造がある。ただ、自分はアジア人ですけど、ロンドンにいたときとかにアジア人への差別感情は大いに感じました。だから「ＢＬＭだ！」って言われたときに、「イエローはどうなの？」とも思ってしまうところもある。そういう話ではないとわかりつつも。

ジェンダーの問題であれば、男性が優位で、女性が虐げられている立場にいるというのが基本的にあるのかと思います。しかし男性のなかでも、例えば「『キモくて金のない、モテないおじさん』は女性よりもさらに下にいる、女性よりも弱い立場の男性（弱者男性）はどうなるんだ！」という話も出てきてしまいますよね。

石川　その話を聞くと、「キモくて金のない女性」が無視されてる部分があるなと思うんですね。そもそも私は、差別の問題と「モテる」という話は別だと思っていて。ネット上では「セックスをする権利がある。だからモテない男にも女をあてがうべきだ」という議論がありますけど、私には「セックスする権利」なんてあるんだろうか？

と思えてしまいます。たとえば歳を取って、男性から「気持ち悪い」と見なされたら、できなくなることはあると思うし、そこで誰かに無理矢理、自分の相手をさせるとなると、その人の人権を奪うことになってしまいます。「弱者男性」の話が出てくるときに、同じような環境にいる女性は一方で無視されているんですね。そこには「女性には性欲がないんだ」とか、そういう事実ではない話が流布されている影響がある。

これは女性差別の副産物だと思うんですね。やっぱり女性に「女らしさ」が押し付けられなくなれば、男性に押し付けられている「男らしさ」も必要がなくなっていく。女性がお金を稼げるようになれば、「男性はお金を稼がなければ男らしくない」というプレッシャーもなくなる。そうなったとき、「キモくて金のないおじさん」に本当に価値がないのかというと、その観念も変わってくると思うんです。だから「どこから解決していくか」というよりも、すべてが繋がっていることなんじゃないかなと。

むしろ、「まずキモくてモテない男性を救わなければ」という方向から行くと、新しい女性差別を生むことになる。だから、私は自分が今やっているほうから行ったほうがいいかなって思っているんです。「放っておいていい」というのとは、ちょっと違うんですけどね。

永井　私も同じように思います。それこそ先ほどの話に出たとおり、ＢＬＭが盛り上がったときに、「White Lives Matter（白人の命も大事）だ！」というリアクションが生まれて、私なんかは「Yellow は？」とも思ってしまうのですが、そうなると「Human Beings Lives Matter だ！」という話になって、それはたしかにそうなんだけど、どんどん対象を広くしていくと、当初ＢＬＭにあった訴求力がなくなってしまう。私が「権利、すなわち人権が大事だ！」と言って空振りしていったのと同じような事態になると思うんですね。もちろん、ＢＬＭを言うことによって増えた対立があるというのも事実だとは思うんですが。

石川　女性差別の問題をやっていると、「わざわざ女性の人権って言わなくても、みんなの人権が大事って言えばいいじゃん」とよく言われます。でも「みんなの人権が大事」にしてしまうと、そもそも女性が差別されていたこと自体がなかったことにされてしまう。「女性の人権が大事だ」というのは、みんなの人権を無視しているわけではない。

人種差別でいえば、ブラックと同じくイエローも差別されているんですけど、歴史的な経緯があって、同じような差別のされ方ではないわけですよね。だから「ブラック」と言うこともないといけない。もちろん「イエロー」と言うことも必要。

ジェンダーに関しては、やっぱりいまはネット上でトランス女性（生物学的には男性で、性自認が女性）の差別がすごく酷いんですね。私にはいままでトランス女性の方たちの苦労や大変さが見えていなかった。その意味では、私はシス女性として特権側にいて、無意識にでも彼女たちへの抑圧に加担していた部分があると思うんです。彼女たちは「フェミニストの女性は、トランス女性を差別するじゃないか」と言うわけですが、私自身はしていなくても。

でも個人の問題ではないなとも思うんですね。「自分も差別する側の当事者である」ということから免れることはできない。

永井　そこがトレードオフの関係だと思われているんですよね。本当はすべてがつながっているのに。答えは簡単には出せない問題ですけど、少なくとも何かを強く打ち出すときに、あえて「ブラック」と言ったり「女性」と言ったりしている、ということに努めて自覚的ではありたいですね。

今日はいろいろお話を伺いましたが、石川さんは本当にいろいろなことを考えながら活動されているんだなと思いました。私は「すごい！」と思ってしまうのですが、一般の人ってなかなかそういうところを見てくれなかったりしますね。そこは自戒も込めて「どうすればいいんだろう？」ということは考えていかなければと思います。

石川　私もいろいろ考えてはいるのですが、それがわかってもらえない部分は仕方がないかなとも思っています。「これぐらい考えてよ！」と言うことも、押し付けになってはしまうのかなと思うので、その人が考えたいように考えてもらうしかないですね。わかってくれる人がいればいいかなと思ってやっています。

でも私、そもそも「共感」なんていらねーなって思ってるんです（笑）。Twitter上では男性たちから「もっと共感を得られるように発信しろ！」って言われるんですけど、そこで男性から共感を得られるように発信しても、女性差別の問題解決につながるとは思えないからなんです。ヤダなって思います、共感っていう言葉（笑）。

永井　#KuTooでは結果的に、少なくとも女性たちから得られている共感の量はすごく多いと思うんですけど、「共感」そのものを目的にしていたら、そこまで広がらなかっただろう、ということですか？

石川　そうです。あくまで私の肌感覚ですけど、共感を目的にしていたら、たぶんKuTooは広がっていないと思います。「男性からの共感も得ないといけない」と考えたら、「これは女性差別の問題だ」とは言わなかったと思います。そもそも「女性差別の問題です」と聞いた瞬間に、「いやいや、ちょっとやめます」となってしまう人は多いですから。

私はこの問題は、「女性差別の問題」としてやることがそもそもの目的なんです。

でも、結果それで「女性差別の問題ではないと思っていたけど、女性差別の問題だということに気付いた」という声をいただくので、「やっぱり共感を求めなくてよかったな」って思います。

永井 いやはや、とても勉強になりました。

石川 いえ、こちらこそありがとうございます。私はすごく軽い話をやっている気でいましたけど、そもそもは「差別の問題は、命の問題に直結することだ」と思い活動を始めたので、永井さんとお話しして、その忘れかけていたことを思い出すことができました。

永井 自分に関しても、女性差別の問題が、「社会を変える」において、すごく大切な点のひとつだという点が欠けていた、ということに改めて気付かされました。今日はありがとうございました。

第4章

戦略的対話

わかりあえない相手とのコミュニケーション

紛争解決でも用いられる「理解」を目的に行う対話手法

第3章では、紛争地での経験を踏まえて共感との付き合い方を考えてみましたが、本章では少し脱線して、なかなかわかり合えない相手との付き合い方について少々具体的な手法を説明していきます。

これまで私は、自分の専門領域である紛争解決などの事例を多用してきました。その紛争解決という分野・領域では、武力紛争などにおいては、どうにかして紛争当事者間で和平合意を結ぶということが一つの解決策とされ、そのための和平プロセスを組むことが重要とされてきました。

戦争や武力紛争の終わり方には、一方の勝利（第二次世界大戦などを考えるとわかりやすいです）や、対立は変わらず紛争強度が低下する、などよりも、対話を通じて紛争解決と平和構築にみんなが一丸となって積極的に向かっていくほうが、より本質的な紛争解決とその後の平和構築に繋がります。まさに、「対話が大事」なのです。

しかし、そうした和平プロセスはいきなり組むことはできません。その前段階で、実にさまざまな準備が存在しています。

また、そもそも対話ができない相手には、和平合意どころか和平プロセスすらその実現が極めて難しいのです。そうした難しい紛争が近年世界では問題になってきています。

わかりやすい例は、シリアとイラクを拠点とするイスラム国（ＩＳＩＬ）やアル・カイーダ、アル・シャバーブやボコ・ハラムなどなど、いわゆる現代的なイスラム過激主義のテロ組織（暴力的過激主義組織）です。彼らに対して「対話が大切！　対話しよう！」と言ってもなんにもなりません。彼らは対話しないとしているわけです。これが世界の現状の一つです。

いまだ私たちは、そのような組織や人々との紛争を解決する明確な方法論を持っていません。当事国政府と反政府勢力による古典的な内戦であれば、和平合意を目指しパワーシェアリングした暫定政府を立ち上げ、さまざまなパートナーの支えを借りつつ復興に向かうという、ある程度確立された紛争解決アプローチがあります。しかし、そうでない相手にはないのです。

そうした難しい紛争に対して、実務者らは試行錯誤してきたわけですが、そこで戦略的対話（Strategic Dialogue）という手法が一つ取り組む価値があるとされています。

もともとは、仲介や調停に長けたスイスや北欧諸国の専門家たちによって和平プロセスの前段階および最中を意識して構築された手法であり、簡単に言うと、**理解を目的に行う戦略的な対話**と言えます。

基本的には和平プロセスの形成を検討するときに意識して使われますが、古典的な紛争における紛争後の平和構築における和解の促進など他の取り組みにおいても適宜応用されています。そして、前述したような対話ができないテロ組織相手に対しても適宜活用されるという形です。

ネゴシエーションとメディエーションの違い

理論的姿勢としては、対話ができない人、対話を拒む人であっても、彼らは彼らでいろいろ考えていて、伝えたい意見があるのだと理解をします。そして彼ら自身も問題意識を抱えており、そのことに無意識な介入をすると、問題が悪化すると考えるのです。故に、「彼らが実際に訴えたいことは何か?」を理解する目的で、戦略的な対話を展開するわけです。そして、そこで得たクリアな理解の下で、改めて問題の解決策を考えていくのです。

同じような手法として、戦略的対話とは別に、ネゴシエーション（Negotiation）やメディエーション（Mediation）といったものがありますが、それらとは異なります。

戦略的対話は、理解や相互理解、信頼醸成をし、対話を通じて正しい問題解決に繋がるポジティブな結果をもたらすことを目的にしています。

ネゴシエーションは、ビジネス関連でも多数書籍などが出ていることから一度くらいはどこかで聞いたことがあると思います。こちらは戦略的対話と比較するならば、相互依存的な意思決定のプロセスであり、合意などの決定を導くことを目的にしています。

例えばAさんとBさんでネゴシエーションがあるとするならば、最終的にはAさんとBさんの間での合意が生まれるわけです。基本的に相手と対話できることが前提条件になっており、イメージ的には戦略的対話のほうがより前の段階にあります。

メディエーションは、いわば「アシストがあるネゴシエーション」です。第三者であるメディエーター（仲介者）が場を取り持ったりして、例えばAさんとBさんの対話や議論をファシリテートするわけです。

とはいえ、決定は当事者に委ねられます。これは和平プロセスそのものとも言えます。ほとんどの和平プロセスには何かしらのメディエーターがいます。そしてそれは単数ではなく複数であることがほとんどです。例えば、南米のコロンビアで半世紀以

ネゴシエーションとメディエーションの違い

ネゴシエーション

相互依存的な意思決定のプロセスであり、
合意などの決定を導くことを目的にしている。

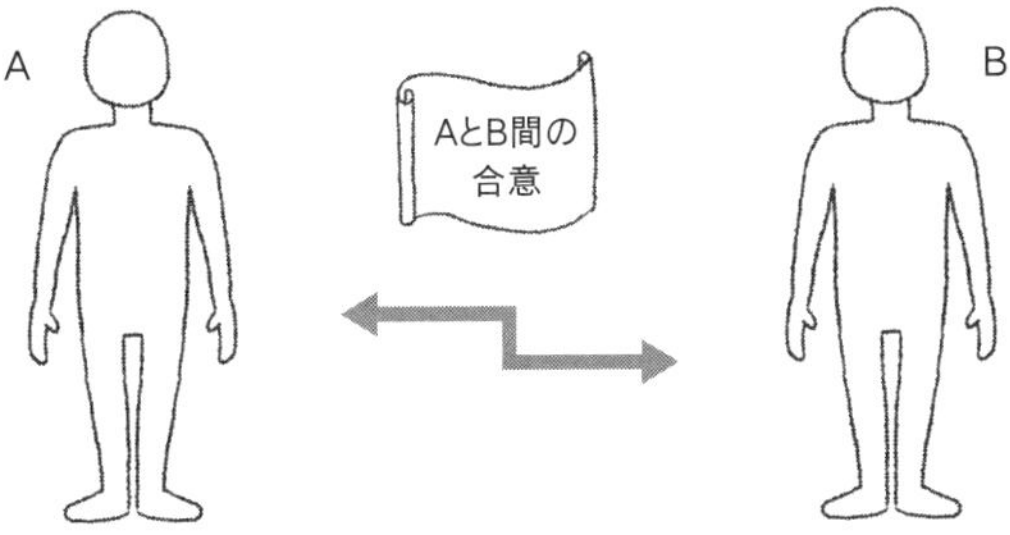

メディエーション

「アシスト付きのネゴシエーション」といわれる。
第三者が仲介するが、決定は当事者に委ねる。

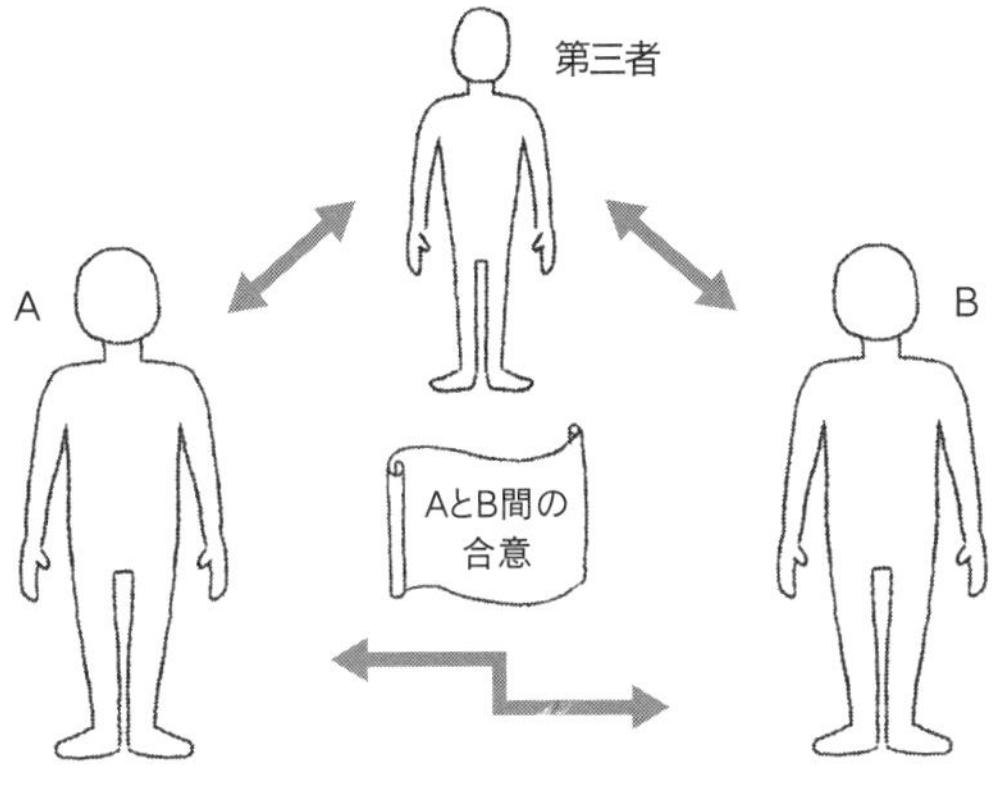

上続いた内戦では、2016年に反政府組織コロンビア革命軍と政府との歴史的な和平合意が生まれました。その和平合意への和平プロセスでは、キューバとノルウェーに加え、チリやベネズエラもその仲介に尽力をしました。

ただネゴシエーションやメディエーションは、相手とそれなりに共通の理解があり、お互いの目指す方向性についてある程度理性的に対話できることが基本の条件です。逆に言えば、それらの条件がない相手に対しては機能しないし、なかなか通用しません。なので、ネゴシエーションのハウツー本を読んでも、先に述べたようなテロリストとは十中八九ネゴシエーションができません（というか、できたらもう少しそうしたテロ組織との紛争は少なくなっていいます）。

また、対象者の自由もしくは裁量について言えば、戦略的対話、ネゴシエーション、メディエーションとなるにつれて、対象者はプロセス、中身、解決策などについてコントロールを失っていきます。これは戦略的対話が、深い理解を目的とし、解決策を目的としていないが故のことです。

戦略的対話の成功に必要な4つの心得

そんな戦略的対話ですが、成功させるためには大きく4つの心得があります。

1つめは、前述したとおり、基本的に戦略的対話の目的は「相手の理解」。ただ相手の何をどの程度理解するのか、という点が重要であるということです。

単に対話すればいいのではなくて、目的があります。だからこそ戦略的という単語が付くわけです。その目的に即して、理解の目標を設定します。また、何事も往々にして、目に見えている問題は氷山の一角であったりします。だからこそ、そうしたことにまず気を付けるということが必要なのです。

この点は本当に重要で、私たちは対話が大切ということは常識としているからこそ、漫然と対話してしまいがちです。対話するだけでも意味はあるのですが、戦略的対話では深い理解を目的としているので、極めて具体的な目標設定が成功への大きな条件となるのです。

2つめは、相手と同じ次元のことについて思考・発言していることを意識すること。私たちはしばしば、相手と別の次元のことについて思考・発言しています。この辺りは、心理的要素の強い紛争解決学やコーチングの世界でもよく言われることで、プロセス指向心理学の創始者であるアーノルド・ミンデルの「3つの現実モデル」というフレームが有名です。簡単に言うと、話している現実レベル感を意識して合わせようということです。

そうしたレベルがすれ違ってしまって起きる不理解や対立は、日常生活においてもそうですし、和平プロセスにおける小グループでの話し合いなどでも起きます。

例えば、和平プロセスで避難民の帰還を住民の代表者たちと話す際に、避難民の帰還によって起こりうる職の奪い合いや治安悪化、補償や住居を巡る争いなどの問題を想像し、そうしたリスクを必死に主張する方がいます。そうしたときに、**具体的な解決策を一つひとつ出したところで、実はあまりうまくいかないのです。**そこでは、少々話している次元が違っているわけです。

ここで必要なことは、住民の代表者が持っている不安に向き合うことであり、そこを抜かして解決策という合意的現実をいきなりぶつけても理解は進まないのです。

3つめに、理解を深めているときが最も緊張や対立が高まるという事前の心構えです。面白いことに、**理解を深めているときが一番しんどいフェーズ**だったりします。

紛争と平和構築を専門とし、メディエーション周りの経験を豊富に持つNorbert Ropersの図（137ページ）がわかりやすいですが、緊張や対立が高まっていることは一般的には悪化しているように見えますが、実はむしろ成功に向かっているタイミングでもあるということです。まさかそんなことはないと思われるかもしれませんが、こちらが深く理解しようとする相手の本質的な部分というのは、何も心地良いものだけではありません。むしろヒリヒリするものだったりします。

私はテロリストの方々とこうした対話を日常的にしますが、「仲間を殺されたから殺し返す必要がある。それは自分の宗教でも示されている義務だ」というような真摯な声に向き合うこともあります。そうした意見を、「洗脳されてるんだね、かわいそうに」と無視することは簡単ですが、彼らを深く理解するためには意見にむしろさらに向き合い、さらに話してもらうことが大切です。そのときはまさに、緊張しますし、時にはピリピリとした空気にもなります。しかし、それこそが理解を深めている証左なのです。

4つめに、特に交渉的なニュアンスがある戦略的対話の場合、そのタイミングが熟していることが大切です。

理論的には、〝相互に受け入れがたい手詰まり状態〟が双方にあるとき、各々が費用対効果を考え、状況をこれ以上悪くすることはできないと考えるときに、その機は熟するといわれています。**お互いが「このままではどうしようもないな」と考えるときがグッドタイミング**というわけです。ただ、その状態がどのような機会を双方にもたらすかが、その当事者たちの意識に委ねられることは忘れてはいけません。タイミングが良いからうまくいくというわけではないのです。

理解を深めているときが最も緊張や対立が高まる。

なので、その理解のうえで、戦略的対話に挑む。
むしろ緊張や対立が高まっていることは成功に向かっているタイミングでもある。

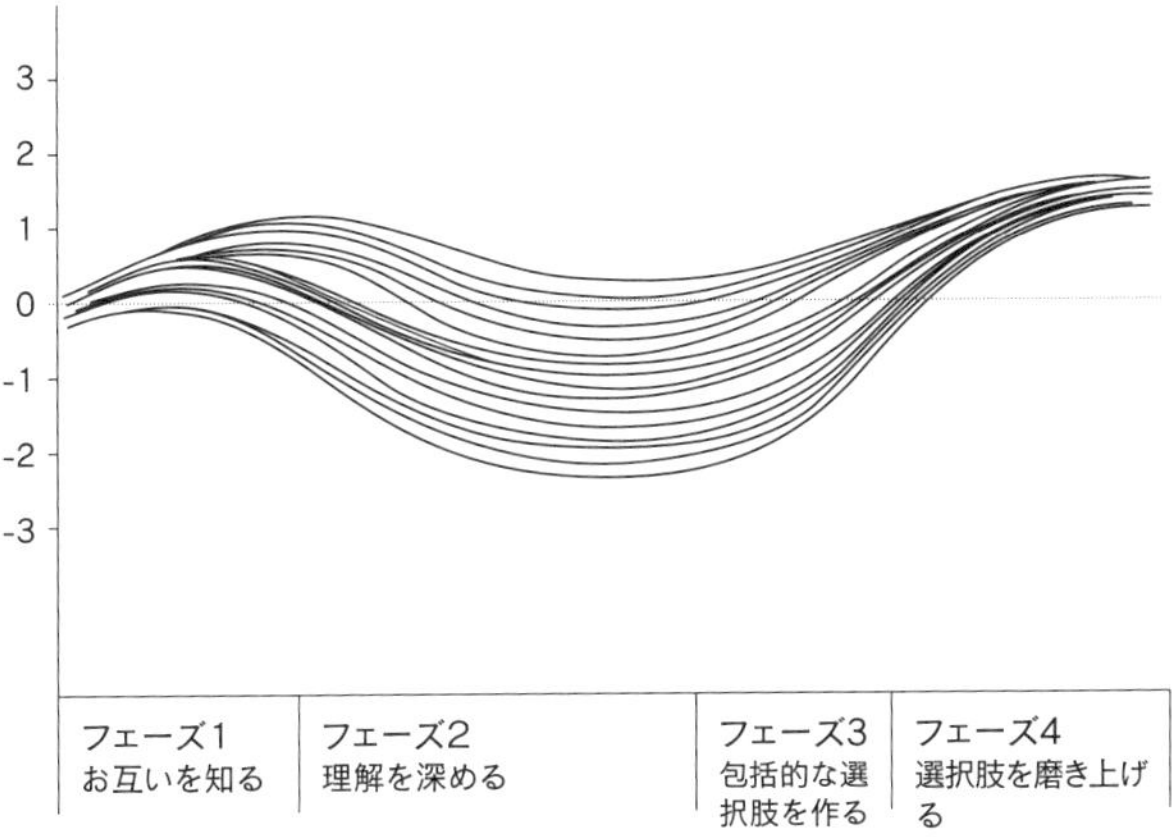

出典：Norbert Ropers

戦略的対話の4つのテクニック

こうした心得の下で、戦略的対話を頑張っていくのですが、ミクロなテクニックもあります。これは統一されているテクニックではありませんが、戦略的対話において実際的にどのように理解を促進するかというところで有益であり、私も紛争地で戦略的対話をする際は意識していたりもします。そうしたミクロテクニックは大きく4つで、アクティブリスニング、ルーピング、リフレーミング、クエッショニングです。

・アクティブリスニング（Active Listening）

相手を認め、信頼と敬意を築くとともに、相手の感情とその背景を把握する行為です。アクティブリスニング自体はいろいろな分野で使われていますが、戦略的対話でも活用します。

戦略的対話における4つのおけるミクロテクニック

1 アクティブリスニング

相手を認め、信頼と敬意を築くとともに、相手の感情とその背景を把握する。

2 ルーピング

相手が言ったことを、聞き返すことで、その理解を確認する。

3 リフレーミング

相手が言ったことを、別の形で言い直すことで、より前向きな形にする。

4 クエッショニング

適切な問いを立てることで、さらなる対話や解決法の道筋を創る。

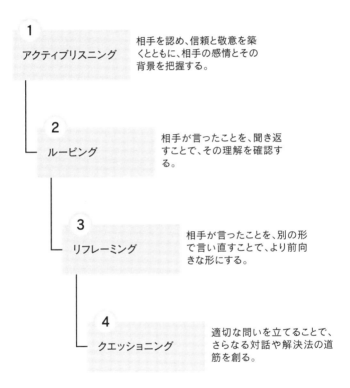

私たちはうっかり理解のために聞いているのではなくて、反応するために聞いてしまっていたりしますが、これでは理解は深まりません。相手に全ての興味関心を向け、相手が話している間、反応を考えないようにして、とにかく理解のために聞くということを意識的にやってみる行為なのです。

またその際は、相手の話を聞きながら相手の立場に立ってみることや、相手に話すスペースを与えるイメージを持ちながら、ジェスチャーや表情といった非言語的なコミュニケーションも意識することが大切です。そうすることで、相手がどのような感情を持っていて、何がキートピックなのかを特定するのです。

・ルーピング（Looping）

これは相手が言ったことを聞き返すことで、その理解を確認するという行為です。私たちはしばしば自分一人で勝手に理解して思い込んでしまうところがあり、そうしたズレが大きな対立に繋がることがあります。

なので、相手が言ったことを繰り返して確認する、そして相手が言ったことをパラフレーズして多角的にも確認してみる、ということをして理解が正しいかどうかを確認するわけです。ダメ押しに、「つまり○○ということだよね？」などと、その理解について相手に合意をしてもらうといったことまでできると盤石です。

・リフレーミング（Reframing）

これは相手が言ったことを、別の形で言い直すことで、より前向きな形にする行為です。相手が言ったことを、中立に、偏りなく、ポジティブに、別の言葉で言い直すことで、解決策に繋がる形にする素地を作ります。短期⇕長期、個人的⇕集団的、感情的⇕非感情的、一般的⇕個別的、などの言い換えもできますが、例えば、ネガティブなものをポジティブな形に、不満や不平をニーズという形に、暴力的な言葉を非暴力的な言葉に、立場的なものを興味的なものに、言い直すわけです。

一つ紛争地での実例を考えてみましょう。

ソマリアで干ばつが深刻な時期に、特に干ばつが深刻なエリアをよく知る元テロリストの方々と協力して食料配布などの緊急支援をしようとした際、コミュニティの方から、「あの人殺しどもに食料配布をさせるなんてことはありえない。あいつらは逆に略奪などもするだろうしな！」と面と向かって言われたことがあります。

そこで、「はいはい、まあまあ落ち着いて、ひとまず任せてください」なんて言ったらもう最悪なケースになります。ここで戦略的対話の思考をすると、彼の潜在ニーズは、安全な食料配布なのではないかと考えます。あとは元テロリストへの嫌悪などの懸念もあるでしょう。

なので、「なるほど、あなたは食料配布を、安全に、そして信頼できる人々に実施してほしいのですね？」とリフレーズしたうえで、ちゃんとそれらを複数人で考える場を設けたところ、その後率先して支援活動を手伝ってくださることになりました。

ずいぶん簡略化して説明していますが、このように、ネガティブな意見をどのように捉えて置き直すかということは、解決策を考えるうえで非常に重要なのです。

・クエッショニング（Questioning）

これは目的に応じて適切な問いを投げかけ、ここまで得た理解を素地に、さらなる対話や問題解決の道筋を創るという行為です。この先に何か具体的なアクションを導いてもいいですし、さらに理解を深めるべく対話に繋げていくというのも可能です。

忘れてはいけないことは、目的を達成するために何が必要か、何を理解する必要があるのか、ということです。

例えば私の仕事などでは、基本的に、さらなる対話や思考に繋げていきます。それこそ半年から1年かけてです。それくらい丁寧に進めていくことで、見えてくるものもあるのです。それこそ一般的に対話をしたくてもできない相手であればあるほど。

なお、**こうした戦略的対話は準備が8割を占める**といわれます。とにかく集められる情報は全て集め、理解の先にどのような目的を置くのか検討し、どのような対話、そして問いを投げかけるかを事前に考えるということが成功の秘訣です。私の場合では、対話の相手が所属していたテロ組織の情報に始まり、加入理由、当時のポジションとその業務、担当していたエリアやそもそもの故郷、顔見知りや刑務官や他の受刑者からの評価、刑期や身元引受人候補との関係性などを基礎情報に加えて収集し、一人ひとりのカルテを組み、それぞれに応じた戦略を持ったうえで挑むようにしています。「対話の中で質問して聞けばいいや」ではダメなのです。

また、ウクライナとロシアにおける和平に向けた対話などに参画しているエキスパートの友人は、ウクライナに赴いて徹底的にリサーチし、仲間内で何度も協議したうえで、第1回めの正式対話の前段であるフランクな対話セッションに挑んでいました。そうした準備もなく、とりあえず話してみるというものではうまくいきません。戦略的対話に組み込む参加者、内容、文脈、プロセス、などを考え、事前に戦略的対話の形式と戦略を練るのです。

しかし、これらを使うことができたらなんでも解決できるかというと、実は全くそうではありません。解決に向けて動き出すことはできますが、解決策ではないのです。これまで述べたとおり、戦略的対話で深い理解を得たあとに、さらなる対話に繋げて

リフレーミング

- ✓相手が言ったことを、中立に、偏りなく、ポジティブに、別の言葉で言い直す。
- ✓短期 ⇔ 長期、個人的 ⇔ 集団的、感情的 ⇔ 非感情的、
  一般的 ⇔ 個別的、などの言い換えも。

ネガティブ	ポジティブ
不平不満	ニーズ
暴力的な言葉	非暴力的な言葉
立場	興味

出典：Saul Matobic, Christopher Moore

クエッショニング

目的に応じて適切な問いを投げかけ、ここまで得た理解を素地に、
さらなる対話や問題解決の道筋を創る。

オープンクエッション： 5W1Hから始まる質問 「あなたは何が食べたいですか？」	リード （〜と思いません？）
クローズドクエッション： YesかNoを求める質問 「甘いものですか？ 塩辛いものですか？」	正確化 （〜はどういう意味？／ 例えばどんなこと？）
チョイスクエッション： 選択を求める質問 「ポテトチップスとフライドチキン、 どちらがいいですか？」	仮定 （もし〜だとしたら？）

出典：Tony Whatling, Simon Mason, Matthias Siegfried

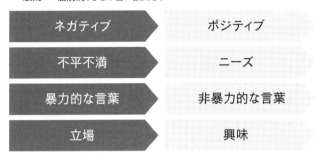

いくものです。いきなり解決策ではありません。

そして最も重要なことは、こうしたテクニックよりもやはり問題をどう見つめるか、捉えるかという姿勢だと私は思います。現実的で理性的な姿勢があって初めて、こうしたテクニックもまた活きるのです。そしてその先にどんな解決策を見出せるか、そこではまた認識や姿勢に立ち返る必要があるのです。

第5章

基本的に人は
わかりあえない

きれいごとだけでは解決しない。むしろ悪化するリスクも

これまで見てきたとおり、共感は良い側面も悪い側面も持ち、現代社会でさまざまな作用を引き起こしています。

でも、自分が自然に、そして理性的にも共感し合えるのならいいのですが、人類はおよそ78億人いるので（しかも将来的に100億人近くにもなるらしい）、当然理解もできなければ共感することもできない人も存在します。というか存在しないわけがありません。そして、理解も共感もし合えない同士で対立や分断が起きたり、共感できない他者に対して差別や偏見などが起きたりしています。

現代社会では、概ね平等といった概念は大切であり、共生することも大事であると理解されています。特に若い世代であればある程度、人権、平等、共生、などといっ

た概念はなんとなくプリインストールされており、「まあそういうのって大事だよね」くらいの社会的常識が社会を覆っていると思います。

自分と異なる人、自分よりも弱い立場にいる人に対して、積極的に差別・排除し、攻撃する人は間違いなく少数です。最近では小学生や中学生であっても身近な問題や社会問題に問題意識を持つ人がいるくらい、社会としてなんだかんだ他者との共生などに向けて進歩してきました。

イマヌエル・カントが『永遠平和のために』を通して「人権は普遍的である。つまり、誰かの人権が侵されているということは、私の人権が侵されているということでもある。だからその痛みを感じ取れる」と主張してから、およそ200年もの年月が経っていますが、あまり変わらないこともありながらも少しずつより良い世界になってきたのです。

それでもなお、いまだこの社会と世界には多くの差別や偏見、排除などといった問題があります。そういうことはいけないとわかっているのに、なぜなくならないのか。ややもすると、そういうことはいけないとわかっていながらも、やってしまうというリアルがあります。

この手の分析は、主に社会心理学で蓄積されてきました。背景には、これまでいくつか触れてきたとおり、人間である以前に生物としての本能的な機能などがあるとされています。

例えば、個人が差別などをいけないことだと抑制しようとすればするほど、そうした言動や行為をしてしまう傾向があるという「リバウンド効果」については、ずいぶん前から指摘されています。また、自分の中で恐怖や憎悪といった負の感情が特定の他者と紐づいている場合は、差別や排除はダメだと言われれば言われるほど、他者を排除しようとするべく、その正当化を図ろうとすることも言われています。

この辺りは第2章でも触れたとおり、「きれいごとを言ってるお前にムカついてたまらない」という感情からの反動というのもありそうです。「ムカつくお前がAと言うなら、俺はBだし、Aにはこんな問題があるだろ」となりうるのは想像がつきやすいのではないでしょうか。

そうしたやりとりの中で、各々が大切にしているところを攻撃してしまうと、どうしようもないことになっていきます。愛する日本を守りたいという真摯な想いに対して、「難民や移民を認めない差別主義者」などと言い始めると、実際に差別的な言動などが問題だったとしても、終わりのない殴り合いに発展していきます。もちろん逆も然りです。

また人間は、基本的に現状維持を好むと同時に変化に抵抗する心性を持っており、逆説的ではありますが、社会の不条理を是正しようという流れの中で、現状の自分としての安定が崩れることを嫌がり、防衛するべく正当化を図る傾向があります。

さらに第2章で触れたとおり、内集団の中で外集団に対して無意識的かつ情動的に湧き出てしまうと、敵意などの意識が及ばない領域から発せられる差別や排除もあります。内集団と外集団の区別は強固であり、それを消滅させることは極めて難しいうえ、人種や国籍などといったわかりやすいものだけでなく、さまざまな要素をベースに内集団が形成されてもいきます。

つまり、「私たちはみんな同じ人間だよ！　同じだから理解だってし合えるんだ！　共感し合って対立や差別のない社会にしていこう！」といった言説や社会的な規範だけでは絶対にどうしようもない現実があり、さらに言えばそうした美しく語られるスローガンがあるからこそ、さらに差別や偏見が生まれ強固になっていくというのが一つの歴然たる事実なのです。

私たちは同じ、という理解から、同じでない人への差別や対立が生まれていく。「多様性を創っていかなければいけない！　だから多様性を認めない人はありえないし、認めない！」ということもあれば、「同じ人間だからこそ、同性愛はおかしいし、狂っている。同じ人間として自然じゃない」といったことにもなるわけです。

もし「私たちは同じ人間だぜ」的な主張をするならば、人間のどうしようもないところといいますか、本章で述べているようなことにも同時に触れるとベターだと思います。むしろ、私たち人間のどうしようもない点から立ち上げたほうがいいのではないでしょうか。

ただ、真摯に全てを説明すると恐ろしく長い文章になってしまうので、どう説明できるかが鍵にもなります。ただ結局のところあっちを立てればこっちが立たず、理性だけでは説明できないことも多々あるのが、私たち人間です。まずそのことを認め合うことができたら、少しは優しい世界になるのではないでしょうか。

右派と左派に分かれて議論する意味はあるか？

共感できない、もしくはしたいとも思わない他者を前に、「殴り合ってもしょうがないから話し合おうじゃないか」と言うことが多々あります。これは全くそのとおりで、紛争解決や平和構築などにおいても、戦いよりも話し合いをするのが大原則です。でも、話し合えば必ず相手のことを理解でき、何か打開策を共に考えることができるとは限りません。「今日はどんなおやつを食べるべきか？」といった軽い話であればいいのですが、政治や宗教のような強力に自集団を形成する要素がトピックの場合、軽率な話し合いはさらなる対立を生む可能性が非常に高いです。

例えば日本においても、いわゆる左寄りの人々と右寄りの人々の圧倒的な対立を想像してみるといいかもしれません。左と右だけに分けるのは乱暴すぎますが、彼らが話し合いをしたところでどうなるかという話です。

社会心理学者であり、アメリカにおけるリベラルと保守の対立を大衆に論じてきたジョナサン・ハイトは、人間の道徳的基盤は「ケア／危害」「公正／欺瞞」「忠誠／背信」「権威／転覆」「神聖／堕落」「自由／抑圧」の6つに分類でき、人はこれらに基づき道徳や正義を考えるとしています。

いわゆる左派は「ケア／危害」「公正／欺瞞」「自由／抑圧」の3つに依存しがちであり、一方でいわゆる右派はなんと6つ全ての基盤に依存しているといいます。この点は日本の右派と左派を眺めてみてもわかるでしょう。だからこそ、人権的で進歩的、まさに現代にふさわしい美しい主張のわりには、左派がよく負けるわけです。

加えて、自集団の道徳基盤マトリックスの外側から議論を仕掛けられても、人は自分の間違いを認めることはまずないと指摘をしています。となると、左派と右派で分かれて議論することがいかに無意味なことかがわかります。

私もディベートなるものに何度か参加し激論を交わしたことがありますが、いくら論理的に正しいものを積み上げて論破したところで、負けた相手側は論理などではないもっと感情的なところでフラストレーションを露わにしていたりしました（私の言い方が悪かったというのもあります）。そのうえで、個々人が大切にしていることを攻撃されるとなると、それはもう話し合いどころか、「この敵をどうしてくれるか」というスイッチが入ってしまいます。

私自身は数年前、若者によるデモ活動が盛んだった頃、さまざまなデモに定期的に誘われたこともありました。当時は（今もあまり変わりませんが）、「右なのか左なのかはっきり主張しろ」という言説が飛び交う時代でもあり、しぶしぶ政治について考えるようになりました。

実際に渋谷駅前でデモを眺めていると、そこでは右寄りの方々は他人の人権に無頓着で戦争をも肯定すると形容されたりするのですが、個人的にはそのような認識には懐疑的でした。

というのも、右寄りとされる人々も命の大切さを理解し、同じように平和を志向しているように見えるからです。靖国神社にて軍服姿で深々とお辞儀する人を、「時代錯誤のおじさん」だとか「コスプレ」などと揶揄する方も多くいますが、私はどうも馬鹿にすることはできないし、そうした方々が最も反発する一つが、彼らとして大切にしていることにとやかく言われることのようにも見えたのです。

イスラム過激派のテロリストと呼ばれる方々も同じです。彼らが大切にしている信条やそれをベースとする政治観などに外集団の他者がズケズケと踏み込んでいくと、強烈に反発されるといったことを何度も経験しました。彼らには彼らなりの論理があり、そのこと自体は思想の自由といいますか、彼らの権利の下で尊重されるべきものなので、それ自体は受け止めるべきなのです。全世界でイスラム教徒が虐げられている。外国人や異教徒を倒さなくてはいけない。そうしたヒリヒリした考え方をまるっと変えることは難しいです。そもそも完全に否定することもできなければ、する権利もないのですから。

それらは暴力的で過激であり、どうにか脱過激化しなければならないものであったとしても、それ以前というか、そのこととは違う話なのです。まさに、そうした自集団を強力に形作るトピックは、話し合いでどうにかなるどころか、むしろ大きく悪化してしまう可能性を常に孕んでいるということです。実際現場的にも世界的にも、そうしたところへの無配慮な意見や主張には、大きな反動や反発が付き物なのです。

　このようなことを踏まえて、まず相手のことを受け止め、受け入れ、そこからどうなるといいのかを共に考えていくのが現実的な姿勢だと私は思います。

他者との共生には言葉を超えた難しさもある

　そもそも、多文化共生だとか異文化共生と聞くと、「なんとなく大切なことだし、なんとなく素敵な社会」というイメージがあります。市役所などに置いてある冊子もカラフルで笑顔があふれる感じですし、みんなが互いを認め合っていて健やかに暮らしている社会のような描かれ方がされがちです。実際、目指しているのはそうしたイメージであるということはわかります。

とはいえ、実際の他者との共生というものは、そんなに色鮮やかでキラキラしているものではありません。

人種のるつぼと呼ばれるイギリスの首都ロンドンでは、もはや白人のイギリス人の割合が50％を切り、アジア人にアフリカ人、カリブや南アメリカに加えて東ヨーロッパ人など実に多様な国籍、言語、文化が融合した地球上で最も多民族的な首都の一つとされています。私はロンドンの大学院に通っていたため、この多様性にはどれだけいろんな人がいるんだと本当に腰を抜かしました。

しかしよく見てみると、インドやバングラディシュ関係の人々はとあるエリアに集まり、アフリカ系の人はあちらで、中南米系の人はまた別のエリアがあり、中国人などアジア人はまた少し違ったところで、といったように、たしかに圧倒的な多様性はあるけれど、皆暮らしている場所や生活範囲はそこまで混ざっていないように見受けられました。

また、人種などをベースとした差別や偏見も普通にありました。「黒人への差別はありえない、そんなことは許してはいけないんだ」と言っていた人がアジア人を大いに差別していれば、「インド人は金のことしか頭にない」と皆で笑いながら話す人もおり、人種のるつぼであることは間違いないけれど、どうも多文化共生社会という単語が持つ美しい響きやイメージとは違っているのです。どちらかと言うともっと、泥臭く、緩やかな緊張というか壁一枚挟んだ感覚というか、**心からの共生というよりは便宜的な共生**のような体感なのです。

同じく多様な国家であるアメリカを見ても、輝く21世紀の社会だとは到底思えません。皆差別や分断といった課題を抱えながら生活しているのがリアルなのではないでしょうか。

私は仕事で元テロリストの人々と社会の共生や共存などへの働きかけをしていますが、ここでも多くの人々が他者との共生や、他者を受け入れることの大切さなどに同意しています。

例えばイスラム教の国であるソマリアやイエメンなどでは、「イスラム教の名の下に、他者を受け入れ、赦そう」といったことが話され、社会側の人々たちの中でそうだそうだと理解されています。

でも、「じゃあ、無実の人々を殺した元テロリストの方々が彼らに受け入れられるか?」というと、実際は極めて難しいのです。もちろん紛争がまだ終わっておらず、所属していたテロ組織が活発であることやテロの被害者が報われていないなどに加え、長年の紛争で社会が荒廃していることや政府が機能していないなど理由はさまざまですが、重要なことは、「理解はしているけれど、実際にはやはり受け入れられないという人が非常に多い」ということなのです。

いざ共生となると難しい、ムカつく、といったことは非常によくありますし、その気持ちは大変理解できます。また、「赦すことはできます」と考える方であっても、「しかし、彼がしたことを決して忘れることはできません」とも同時に話すケースも非常に多いです。そのとおりだと思います。こうした現実を踏まえて、私たちはどうあるべきなのか、何をするべきなのか、を現実的に考えなければいけないのだと日々考えています。

「わかりあえない」を前提にどう前に進めるか

日本においてはまだまだ人種的な多様性などは高くはないですが、それでもさまざまな不満や不安が時折噴出しています。文化や言葉の違いもあれば、在日外国人による犯罪などのニュースもあり、そうしたものからリアルな感情が生まれてきます。「あなたの居場所はきっとあるよ（私の隣ではないけれど）」だったり、「白人の外国人はまだいいけど、中国とかアフリカからの人はダメです」といった気持ちは珍しくはないのではないでしょうか。冷静に考えて、自分にとって心地良い他者や異文化はいいですが、そうでない他者との共生が全てハッピーでキラキラした日々なわけがありません。

私が思うに、リアルな実態を飛ばして「そういう時代だし、多様性を受け入れよう！」とするよりも、むしろ私たちは**「多様性を受け入れることは難しい」**という心構えを持つべきではないでしょうか。生活音の大きさ、景観に対する意識、宗教観、習慣、考え方など、諸々が違う人とわかりあうことは、当たり前ですが自分と違うからこそ難しいということなのです。

「日本の文化が壊されるのではないか」と警戒する人だっています。それが思い違いでも、「好きな日本を守りたい」という人々の思いもまた無下にはできないのです。今後50年、100年を考えると、難民や移民を受け入れていかないと日本が破綻するだとか、多様性があったほうが生産性が上がるといった経済的側面から多様性を訴えたとしても、こうした点は無視できないはずです。

だからこそ、無益な対立を防ぐには、多様性を受け入れられない人々の気持ちを尊重しつつ、少しでもうまくやっていけそうな方法を模索するしかないのです。

そもそも多様性とは、自分にとって都合の悪い人の存在も認めることです。日本人同士でも、対外国人でも、わかりあえない部分はたくさんある。この現実を直視することが大切なのではないでしょうか。

私たちはわかりあえると信じているし、わかりあいたいと常々思っています。

しかし、実際は結構わかりあえないのです。それは良い悪いではなくて、今のところ人間とはそういうものだからなのです。

そして、「わかりあえるのに！」と思うからこそ、むしろ思えば思うほど、対立したり、分断してしまう。

なので、提案としては、一度私たちは他者なんてものとわかりあうことはできない、としたうえで、そんな中で一体全体どうすれば他者とうまいこと共存していけるのか、と考えていくことです。こうしたほうが余計な問題が生まれにくく、真に地に足がついた話し合いや思考ができるはずです。

わからないから、考える・話し合う。話し合ってもわからないことはなんなのかを、考える・話し合う。いきなり対立点などに向かうのではなくて、特に深刻なトピックについては、そうしたところから立ち上げたほうがうまくいくときだってあるのです。

第6章

共感にあらがえ

理性の錨を持つ

基本的に共感の問題とは、スポットライト的性質と指向性と言えます。グローバル化が進む社会では、他者と関わることは避けられないのがこの現代です。そうした中において、共感はいろいろな可能性を持つものの、共感の性質的に、どうしても取り残されてしまう人が出てきます。第1章で述べたように、本来的には共感される必要がありながらも、共感されない人に対して、共感だけに頼っていては誰の善意もその人にたどり着くことはできないというわけです。

もちろん、だからこそ政府や行政といった公というか公共があるわけなのですが、それらもまた日本のような先進国においても全く完全ではありません。そもそも政府が破綻していたり、公共サービス的なものがない場所だって紛争地を筆頭にこの世界にはたくさんあります。また、取り残されている人々を真剣に考えることで、積み重ねていくことで、公や公共が良くなっていったりもします。

だからこそ、共感できない・共感されにくい人をなおざりにしないために、共感に代わるものが必要となります。もう少し言うと、共感がベースになくてもそういう人々にたどり着けるものが必要なのです。

私は、それこそが権利であり理性だと考えています。

共感できる・できないに一切関係なく、「全ての人には人権があり、無条件に尊重されなければならない」という理解に立ち、そこから他者を見つめるという姿勢です。その射程は、共感の及ぶ範囲をはるかに超え、全ての人が含まれるべきなのです。

もちろん、「やれ権利だ人権だと言っても、この世界はそれを担保できていないじゃないか」と言われたら、そのとおりかもしれません。

それでも私たちの本能だけに頼らず、同時に全人類が理性的に合意できることをベースにすべきだと思うのです。全人類の人権がしっかりと担保されているかと言われたら、大変悲しいですが、まだそうではないでしょう。虐殺に拷問、格差、差別、拉致、監禁、レイプなどなど実に多様で数多くの耐え難い人権侵害が、今この瞬間も日本と世界で起きています。

しかし、それをもってしても人権なんてものは存在しないとか、人権なんて無理だ、とはなりません。なぜならそれらはあくまでも人権の運用が不完全なだけであって、人権そのものの話ではないからです。

そうであれば、まず理性的に、自分の権利と同様に他者の権利を見つめることが始まりではないでしょうか。一応人権なるものがあると世界的に合意できているのであれば、まずあるべきものとしたうえで、どう運用できるか、どう実現できるかと考えていくほうが、きっと良い社会になるはずです。

人権なんて幻想に過ぎなくて、実際にはないのだとするのは簡単ですが、その先は何に繋がっていくのかということを考えると、そこで止まってしまいます。故に第1章で見た共感されないホームレスの例で言えば、その男性に直面したときに、彼の持つ「権利」に集中し、論理的で認知的な反応を行うことがまず一つ必要です。

ここで重要なのは、あくまでも自業自得な浮浪者だと認識し、いい気味だと思いながらも、彼の権利を尊重して理性的に反応することが求められていること。そのあとに、実際にそのホームレスの方が抱える問題をどこまで解決できるかというのは、各々自分のキャパシティや予定などもあるので楽観的なことは言えませんが、そうした理性的な理解からいろいろな可能性が生まれるのではないかと思います。

「守ろう人権！　みんなの人権！」などといったきれいなスローガンではなく、「基本的に話したくもないし、なんなら関わりたくもないけど、権利はあるよね、まあ……」くらいのほうが人間の心性に添っていて無理がありません。

共感ではなく、地に足のついたリアルな、実体の伴った、権利に対する理性的な眼差しこそが、憎悪が渦巻く現代の世界を良くする鍵だと私は考えます。本能や直感を変えることは難しいです。だからこそ、そのことを認めたうえで、流されないための理性的な錨が必要なのです。

また、こうしたことは、共感されにくい人々に私たちの善意が届くようにすることに加えて、誰かを傷つけることを減らすことにも繋がります。

第2章で触れたとおり、自分で意図せずとも誰かの恣意性によって自らの共感を使われ、他者を攻撃することもあるのです。ジェノサイドのような圧倒的な暴力もそうですし、ＳＮＳでの不特定多数による容赦のないバッシングや中傷による自殺などもあります。

人気番組「テラスハウス」に出演していたプロレスラーの木村花さんが22歳で自殺に追い込まれた事件は記憶に新しいですが、彼女をＳＮＳで叩いていた方々は、きっと彼女に明確な殺意があったわけではないと思います。むしろ、ＳＮＳで広がる「さあ叩け！　許すな！」といった悪い勢いに乗っかってしまい、どこか気持ち良くなりつつ棍棒で叩いていたのではないでしょうか。

こうした悲劇は、木村さん以外にも多数ありました。警視庁によれば、２０２０年の小中高生の自殺者数が統計のある１９８０年以降で最多の４９９人であったとされています。もちろん全てが共感に紐づく暴力ではありませんが、それでも増えているということは注目せざるをえません。

暴力に扇動されないように、私たちは自分の共感の性質を意識し、それが他者への暴力に繋がることを気に留め、そうした方向性に共感を煽ることに対しても、理性の錨を持つことであらがうことが必要です。

早稲田大学教育・総合科学学術院教授の伊藤守さんは、SNSで情動に突き動かされてカッカとしながら攻撃的だったり対立や分断を深めうる投稿をリツイートしたりシェアしたりしてしまうという話をしており、その対策の一つとして「ひと呼吸置く」ことを提案していました。カッとなったら、まずひと呼吸置く。勢いある情動を一度止めるということも、とても理にかなっていると思います。

「もしあなたが私のことを知っていて、あなた自身もあなたのことを知っていたら、あなたは私を殺したりしないでしょう」というルワンダのジェノサイドメモリアルセンターの言葉をおよそ30年が経った今、私は改めて噛みしめています。他者よりもまず、私たちは自己の理解から始めるべきなのです。自己理解を通して、同じ人間を見つめるということで理解できることもあるのだと思います。

無理に白黒はっきりさせなくていい

近年はSNSの発達もあり、各々自由に持論や立場を発言したりすることが増えました。特に政治家や経営者のあまりにも時代遅れな発言や重要な法案が審議される際、あとは選挙の前もしくはBLMなどの世界的な運動などがニュースになったりすると、意見を求められたり、「立場はどちらだ?」というような圧のある雰囲気にしばしばなります。そして声をあげないと、「沈黙していることは肯定していることと同じだ」とも面識のない人からいきなり言われることだってあります。このように、良くも悪くも賛成か反対かということを突き付けられる時代になりました。

無論、声をあげることは大切です。人類の歴史においては、声をあげ、連帯していくことでいくつもの大きな変化がありました。

ただ、第5章で触れたとおり、例えばAとBで分かれて議論してもあまり意味はなく、むしろ対立や分断がより深まりうるわけです。

右か左か、白か黒かをはっきりさせることは、実は賢い選択ではありません。物事は多元的であり、自身の思考の輪郭線は常にぼやけていたほうがより良い社会を創ることができると私は考えます。白黒を無理にはっきりさせる必要はないのです。

そのスタンスだからこそ、他者と共有できることや話すことがきっとあります。反原発であれば、反自民党で、デモで声をあげるべき、などといったことはないのです。公人の靖国神社参拝に賛成であれば、反中国で、反移民、であるべきということでもありません。この点であればこっち、これはあっち、これはどっちでもない、といったほうがリアルですし、より社会に向き合っているうえに、対立や分断を招かない在り方だと思います。そしてその地点から、どう社会なり世界を良くしていくことができるのかと考えていけばいいのです。

そうした点において重要なのは、何よりも自分を通して考えてみることです。そうして何者かに振り回されるのではない自分の考えを持つ。YouTuber が言っていたから、自分が支持する人が言っていたから、SNSで有名な人が言っていたから、ではなく、あくまでも自分で考えるのです。

それこそが対立や分断を乗り越える一つの鍵だと思います。悪魔に見える相手であっても、理解できる点、賛同できる点、最低限認めるべき点などがおそらくあるはずです。私からしたら、みんな同じ人間なんでしょうけど、同じ人間である他者が何を考えているのかなどわからないことが多すぎて、人間でありながらも同時に絶対的に自分が理解できない・自分と理解しえないことを抱えた宇宙人のようにも思えます。自分は自分ですが、自分でないことは究極的にそう思えますし、あながち変な意見でもないような気もします。何よりそんなスタンスだからこそ、無駄な対立を生まない側面は必ずあるとも思っています。

また、「自分の意見はなんだ！」と急かされ、一応意見を考えてみたものの、その後意見を変えたりすると、今度は「自分の意見をコロコロ変えやがって」なんて突っかかられることもあります。それこそたかだか140字以下のツイートを根拠に、「過去にこんなことを言っていた！」などと問いただされることもあるかもしれません。政治家や有名人に対して数年前のツイートや発言を引っ張り出して、「ブーメランじゃんｗ」なんて揶揄している場面はよく見受けられます。

しかし、意見なんてものは変えていいし、そもそも変わっていくものです。その時々の環境や思考によって変わって然るべきで、むしろ例えば10年間意見が微塵も変わらないという人がいたら、場合によってはそちらのほうが不自然です。人はいつだって学びの過程にいるはずで、その一瞬を切り取ったところであまり生産的ではありません。むしろ、思考する中で、どのようにして意見が変わっていったのか、そうしたことを共有し合う・話し合うほうがとても興味深く、有意義です。

私は大学1年生のとき、日本は欧米くらいに難民を受け入れるべきだし、自民党はありえないし、アメリカは共和党だとダメ、これからは市民社会が主役、なんてざっくり言うと非常にリベラルな考えを持っていました。しかし、それはそのとき読んだ本や授業で学んだことをそのまま自分の見解にしていただけでした。そこからさらに学びを深めたり、いろいろ行動していく中で、なるほど世の中とはこんなにも複雑なのだなと思考していき、一応自分なりの多様な意見を持つに至りました。

では、今は保守的で権威主義的な考えかというと、そういうわけでもありません。白と黒どっちだと言われたら「総合としてグレーです」としか言いようがありませんが、世界を少しでも良くしたいと考える身として、これでいいのだと自分では思っています。

いろいろ言いましたが、こうしたある種の柔軟さが大切なのではないかと思うのです。なんでもかんでも断定し、叩き切るような強い主張や姿勢だけではむしろ対立や分断は悪化してしまいます。繰り返しですが、正論なんてものは人によって違ううえに、共通する正論であったとしてもそれだけでは解決しないことがほとんどなのです。

私たちは国際政治においても、日本社会においても、学校や家庭においても、そうしたことを経験してきました。過去から各々が何を学ぶのか、今こそ向き合う必要があるのではないかと思います。

共感されなくても、繋がっていなくても

私が日々思うことは、たとえ共感されなくても、誰とも繋がっていなくても、基本的には全く問題ないということです。

自分は自分であり、それ以上でも以下でもありません。自分と他者しかいないのです。つぶさに見れば、究極的には自分しかいないとも言えさえできます。そんな自分の存在は、誰かに肯定されなければ存在しないといったものではないのです。

よく社会では、存在価値だとか存在意義だとか言いますが、そもそも気が付いたら存在しているわけで、そんなこと知ったこっちゃありません。「自分はこんな存在価値や存在意義を見出せるから生まれるぜ！」なんて話では決してありません。そして、お金を持っていたり、フォロワーが多いから、より良い存在ということも一切なければ、人類を救ったからより良い存在ということもないはずなのです。

私はそれなりに荒れた家庭環境で育ち、「誰の金で飯食ってると思ってるんだ」と怒鳴ってくる親に対して、「お前らに生んで育てろと言ったことは一度もない」と怒鳴り返すことが続きました。その後、テロや紛争に向き合うと決めてから、死への恐怖故に死だとか自己について考え始め、「どうせ死ぬのだからそもそも人生に意味なんてないんだ、そうであれば自らがやるべきだと思えることに向き合うのだ」と真剣に考えるに至りました。気が付いたら存在していて、死というバッドエンドがおそらく勝手に決まっているわけです。そんな程度なのです。そうであれば、存在価値なんて心底どうでもいいですし、気になるなら好きに自分で決めてしまえばいいのだと思います。答えなんてないのですから。

そもそも、社会的に存在価値や存在意義がないとしても（それでもなんだかんだ誰もが何かしらあると私は思いますが）、そんな人にも同じく人権は普遍的に認められていますし、あります。

だからこそ、胸を張って勝手に一人で堂々と自己肯定すればいいのです。自己肯定というか、**自己否定する必要がないのです。**自分は自分だと。自分は自分で今存在していると。そのことに根拠や理由などは必要ないのです。そしてそう思う、そう理解するからこそ、自分でない他者の存在を自覚し、認めることができるのではないでしょうか。

少し抽象的ではありますが、社会に落とし込んだとき、それはまさに他者の権利を認めるということにも繫がります。

また、何より、他者に依存することから脱却することでもありますし、ひどく辛い共感中毒にならないための一つの処方箋でもあったりするのです。

社会と世界を少しでも良くするために

最後に、社会や世界を少しでも良くするためには何が必要なのかということについて触れます。

具体的に社会と世界を良くしていくためにということを考え始めると、大変細かくて難しい話になるので、ここでは本書のテーマである共感関連について簡潔に述べます。

結論から言うと、感情に任せるのではなく、共感の良いところをうまく使いながらも、同時に理性も働かせてその手綱をしっかりと持ち、取り残されている人がいないか、対立や分断をどう乗り越えることができるか、などを常々考えることが社会と世界を良くしていくことに繋がると考えます。

共感だけではダメで、理性と共にあることで真の意味で初めて可能性が出てきます。本章の前半でも触れましたが、私たちが社会を少しでも良くしていきたいという温かな想いは、共感の及ぶ範囲ではなく、あくまでも権利の及ぶ範囲であるはずです。

しかし、それはそれでとても難しい話です。だからこそ問うていく必要があります。どのように実現できるのか、本能的なものではリーチできない人々の権利をどのようにカバーできるのか。個人レベルでも、グループレベルでも、組織レベルでも、行政および国レベルでも、そして地球レベルでも、思考していく必要があります。それこそがまさに理性の力です。知性とも言えるかもしれません。

そんなことは無理だからそもそも権利なんて幻想であり存在しないんだ、ではないのです。無理かもしれないけれど、どうにかなるように努力する。それこそが知性であり、チンパンジーやラットにはない人間という動物の強さだと私は一人間として信じています。そのうえでチンパンジーやラットなどともうまいこと共存できる世界を目指したいものです。


デイビッド・ヒュームが「理性は情念の奴隷である」と述べたように、近年では特に、理性は実は情念に動機付けられていて、理由はあとから探しているだとか、理性は理性で人を救えないといったことが言われてきました。ですので、私が言っていることはもしかしたら古臭いことなのかもしれません。

それでも、テロリストの更生や紛争解決に現場レベルで取り組んできた身として、情念や共感に根差した思考や行動だけだと問題があるのなら、やはりどのように組み合わせていくか、理性とはそこでどう機能しうるのか、そうしたことを繰り返し考えていくほかないと思うのです。

そうして、社会や世界の諸課題と向き合いながら、文字どおり試行錯誤していく。問題を解決し社会を少しでも良くしていくという話であれば、思想の検討などではなく、実践的姿勢の中で生まれるものもあるはずです。

それは何も紛争地の前線で、ということではなくて、日本国内ももちろんそうですし、究極的には自分だけでない場においては全てそうかもしれません。わからなすぎるし、わかりえない他者と実際問題どう向き合うか、他者の言葉に乗っかるのではなく、地に足をつけて自分を通して考えてみる。

そして、唯一わかりうるであろう自分とは何者なのか、正面から向き合ってみる。その理性的かつ真摯な思考こそが、共感と共に世界を良くする鍵なのではないでしょうか。

特別対談

×

内田 樹

私たちは共感と、どう向き合うべきか？

内田樹（うちだ・たつる）
1950年、東京都生まれ。東京大学文学部仏文科卒業。東京都立大学大学院人文科学研究科修士課程修了。凱風館館長。神戸女学院大学文学部名誉教授。専門はフランス現代思想、映画論、武道論など。著書に『ためらいの倫理学』（角川文庫）、『「おじさん」的思考』『街場の憂国論』（共に晶文社）、『先生はえらい』（ちくまプリマー新書）、『街場の戦争論』（ミシマ社）、『最終講義』（文春文庫）、『困難な成熟』（夜間飛行）、『困難な結婚』（アルテスパブリッシング）、編著に『日本の反知性主義』『転換期を生きるきみたちへ』（共に晶文社）など多数。『私家版・ユダヤ文化論』（文春新書）で第6回小林秀雄賞、『日本辺境論』（新潮新書）で新書大賞 2010受賞。第3回伊丹十三賞受賞。

◉目次

誰かを助けるときにベースにあるのは「惻隠の情」

永井　私は仕事としてテロ組織から降参した人のケアや社会復帰の支援などをやってきました。しかし、国際支援の分野での対象者や対象地に関する偏りがどうも気になっていて。難民だとか子どもだとか、そういう問題になると情動的な共感が生まれるのに対して、「大人で元テロリストで人殺しちゃいました」とかだと、それがまるで真逆になる。抱えている問題が同じだとしても、「なんでそいつまだ生きてるんですか?」って話になってしまう。そこが問題意識としてもともとありました。

今の日本社会を見ると、共感がすごくもてはやされていて、その状況に違和感を持っています。ただ同時に、「共感」の欠点を自分の中で考えていくうちに、「そもそも共感するかしないかは自由だな」ということにも気が付きました。となると、「共感しない自由」をどう考えればいいんだろう、というのが私の課題になってきました。

みんなが「共感しない自由」を行使することによって、「共感されない人」が生まれてしまうとしたら、そのときに生まれる問題を私たちはどう捉えればいいのか。

私は「共感するかしないかではなく、誰しも人権はあるのだから、テロリストで殺人を犯した人でも支援される必要がある。そのことを理性を使って理解することが重要なんだ」と思っていました。しかし、カント倫理学の御子柴善之先生とお話ししたときに、御子柴先生は「理性と、個々人の持つ倫理・道徳は別ですよね」とおっしゃっていたんです。その話にはなるほどな、と思うところもありました。

そのあとロバート・キャンベルさんともお話ししたのですが、「永井さんは『共感されない』ということを問題にしているけれど、逆に私のようなゲイであることを公言している人間に対して、当事者でもないのに『共感します』なんて言ってほしくもないし、そういった安易な共感自体も問題を生んでいます」と指摘されて、そこでもなるほどとなりました。

そこで内田先生に、この「共感しない自由」をどう考えていけばいいのかを伺ってみたいなと思いまして。

内田　たいへん本質的な問いをされていると思います。永井くんのような若い方は、そういうふうに問題を立てて、悩んでしまうものだと思います。ことを原理の問題として考えてしまうんですよね。永井くんはこう考えているわけですよね。「理念上はすべての人たちを等しく支援をしなければいけない。しかし、現実には、『この人は支援するけれど、この人は支援しない』という選別をしている。どちらかが正しいのか？」と。

結論から言うと、そのどちらでもないということになります。問題を解決するスキームを作るときに、僕たちはまず極端な原理を両側におきます。その場合に設定される原理というのはあくまで問題を解決するための操作概念であり、いわば思考のための装置なんです。

実際に僕たちができることは、その両極端の理念の間にあります。人間一人が使うことのできる時間や体力やお金やネットワークにはおのずと限度があります。そして、その手持ちのリソース以外には使えるものがない。だから、どこにそれを向けるか、優先順位をつけるしかない。すべてに等しく分配することはできないんです。手持ち資源の分配の優先順位については、万人に妥当して、万人が納得するような客観的な基準は存在しません。だから、どんなふうに分配しても、必ず不満が残る。「やるべきことを、やるべき順序で行ったので、これでパーフェクト」ということは絶対に起きないんです。でも、僕はそれでいいと思う。地球上の70億の人に対して等しく敬意を抱いて、等しく支援するということはできません。手の届くところから支援するしかない。でも、「手の届くところから支援する」ことが正しいわけじゃない。もし「俺は好きな人しか助けない。嫌いな人のことは無視する」と公言する人がいたら、それはいくら何でも非常識だと思います。でも、その人に向かって、「君は間違っている」と非難することは僕にはできない。たしかに、非常識だし、人としてどうかとは思うけれど、「間違っている」とは言い切れない。それで仕方がないと思うんです。不人情とか狭量とかいうのはたしかに人として物足りないけれど、叱責や処罰の対象ではない。世界のすべての人を同時に支援するほどの力はないけれど、身近な人にしか支援が届かないのは悔いが残る。それでいいと思うんです。１００％うまくいったということもないし、100%失敗だったということもない。僕たちはその両極端の中間のどこかにいる。両極端の間に拡がるグレーゾーンの中で、自分の力量に見合ったところで仕事をするしかない。

永井　うーん、なるほど。理性や人権という「原理」ではなく、「不人情」とか「常識」で考えたほうがいい、と。

私が思うのは……例えば学校の休み時間に、「よっしゃ遊びに行こうぜ!」って言ってる人がいる一方で、「私たちはおしゃべりしましょうね」って言ってる人もいるとします。そのときは、みんなが自由意思に基づいて行動しているわけですよ。

でも、その教室の中でポツンとひとりぼっちになってしまう人がいた場合、それって誰の責任なんだろう?　と思うんです。そのひとりぼっちの人が「一人は寂しい。寂しいけど誰にも言えない」と感じていたら、それは問題だと思うんです。じゃあその問題の解決って、誰がやるべきなんだろう?　と考えてしまう。みんなが「共感しない自由」がある中で、問題がポツンと起きてしまったとき、どうすればいいのかな、と思って。

内田　その「ひとりぼっちの子」というのが、永井くんの場合だと、誰にもかわいそうと思ってもらえない、誰にも共感してもらえない元テロリストだったりするわけですよね。たしかに「テロリストには共感できない」というのは人情としては自然だと思うんです。それでも、ひとりぼっちで寂しい思いをしている人を見たら、つい手を差し伸べてしまうということもまた人情としては同じように自然だと思うんです。そして、僕はこの「つい手を差し伸べてしまう」ということが倫理の一番基本にあると思う。「惻隠《そくいん》の情」だと思うんです。

永井　惻隠の情、ですか。

内田　惻隠というのは、たとえば幼い子どもがよろよろと歩いていて井戸に落っこちそうになっている時に、思わず手を伸ばして助けてしまうということです。この子を助けたら、後から親に感謝されるだろうとか、助けなかったら周りのやつから後から「非人情だ」と罵られるかもしれないとか、そういう計算をするより先に思わず手が出てしまっていた、というのが惻隠なんです。何も考えないうちに、支援を求めている他者の訴えに身体が自動的に反応してしまう。それが人の道の基本だと『孟子』には書いてある。

この時に、とっさに手が出るのは、相手が無力な子どもだからですね。これががっしりした身体の大人だったら、そんなに自然には手が出ないかも知れません。井戸に落ちるなんてバカなやつだな。おい、誰か手が空いているやつがいたら助けてやれよ、くらいのリアクションかも知れない。惻隠の情が発動するためにはそれなりの条件があるということです。一つは、「自分から見て弱者である」ということです。もう一つは、「自分の力の範囲内で救うことができると思える」ということです。その条件が整えば惻隠の情は自動的に発動する。でも、相手が自分より強者であったり、とても自分の力では救えないような状態の場合には「思わず手が出る」ということは起きない。

永井　それは「本能的な反応」みたいなことなんですか？　そうした瞬間では頭で考えるよりも前に体が動いたというのは、たしかにありそうではあります。

内田　永井くんの場合だと、目の前の元テロリストの青年を見た時に、彼が「井戸に落ちかけた子ども」に見えてしまうんだと思います。だから、手を差し伸べる。でも、誰の眼にもそう見えるわけじゃない。ふつうの人にはそんなふうには見えないかも知れない。

だから、目の前にいる人を支援する気になるかならないかは、多分に永井くんの個人的な能力の高さによって決まるんだと思います。ソマリアのギャングがいきなり手に銃を持って出てきたら、恐怖や嫌悪感が先立つでしょう。それが「井戸に落ちかけた子ども」に見えるというのは、かなり例外的なことだと思います。

永井　じゃあもし、教室の中でひとりぼっちで取り残された人が、自分から見て弱者ではないし、自分の力の範囲内で救うことができるとも思えないし、なんならついでに例えば嘘ばかりついて、万引きもして、人殺しもしていて、誰も「共感」してくれない人だったら、「惻隠の情」は発動しえないということになるのでしょうか。逆に言えば、自分から見て弱者であり、かつ自分の力の範囲内で救うことができるとどんどん思えるようになっていけば、惻隠の情をより多く発動させることができるということですか？

内田　それは「感情の器」の大きさによるんだと思います。誰かが一人でポツンといるのを見ても、何も気にならないという人もいるし、胸がいっぱいになる人もいる。胸がいっぱいになった人は功利的な計算抜きで、ふと「一緒に遊ばない？」とか「なんで君、いつも一人なの？」と話しかける。それは相手にすっと伝わると思います。作為がないから。一人ぼっちの人は、近づく人にわずかでも作為や計算を感じると心を閉じますから。でも、作為なしに手を差し伸べられると、ふっと虚を突かれてしまう。

人の本質を見抜く人だと、どれほどごつい外見で、攻撃的な人間が来ても、その人の心の中に「ひ弱な赤ちゃん」がいるということが見えてしまう。だから、その「ひ弱な赤ちゃん」が怯えていたら、つい手を差し伸べてしまう。それが「人を見る目」ということなのだと思います。

目の前にいる人の傷つきやすさ、壊れやすさが見えるというのは、人の感情の器の大きさによると思うんです。感情の豊かさは先天的なものです。眼が良いとか、背が高いとか、鼻が利くというのと同じで、先天的なものです。生まれつき感情の器が大きい人がいる。そして、そういう人がずっと手を差し伸べる時の心情というのは、いわゆる「共感」とは違うものだと思いますね。

永井 それは共感ではないとしたら……なんと言ったらいいんでしょう?

内田 「感情の器が大きい」という言い方でいいんじゃないかな。努力してそうしているわけではないし、義務感からそうしているわけでもない。自分の感情の動きに素直に従っていたら、ずっと手を差し伸べていたんですから。感情の器には大小があって、それはほぼ生まれつきなんです。感情の器の小さい人に対して「器を大きくしろ」ってて言っても無理だし、器の大きい人に「小さくしろ」って言っても無理です。一人ひとり、おのれの感情の器に従って、相応のことをすればいいと思う。

「外付けの倫理を装着する」という方法

永井　となると、例えば、大変そうなホームレスの方と遭遇した際のように道徳心を問われる状況に置かれたとき、自分がもし感情の器が小さければ、そこで即座に反応できずスルーしてしまうわけですよね。スルーしてしまう自分にちょっとモヤモヤするけど、実際の行動としての手助けはできない。この状況をどう理解すればいいんだろう、と思ってしまうんです。自分の感情の器が小さければ仕方ない、大きい人が何かやればいいんだ、ぐらいの気持ちでいればいいんでしょうか。生得的なものだから小さければしょうがないよねとなるのは、それはそれで引っかかる気もします。

内田　それはしかたがないと思います。自分の中から湧き出す内発的なものですから、頭で統御することはできない。頭で考えたことは「これこれのことをしなければならない」という文型を取りますけれど、感情の動きはそうじゃない。気がついたら、もう動いていた。そして、それは感情の器で決まる。それで人の倫理性の優劣を論じてもしかたがない。誰でも一人ひとり個人的な限界がある。その能力の範囲内で、できることをすればいいんです。

でも、それはいやだ、どうしてもすぐに行動できるようになりたいというのだったら、「困っている人を見たら、すぐに人助けをしなければならない」という既製の倫理を外装するという手もあります。宗教であったり、政治イデオロギーであったり、そういう出来合いのものを外付けすることはできます。キリスト教徒になったり、人権派になったり、マルクス主義者になったり……「利他的な行為」を当為として掲げているそういう枠組みの中に身を投じる。そういう枠組みの中では、人を救うための理論や作法が決められている。それを根拠づける体系的な論理があって、具体的な作法がある。歴史的にも十分な成功事例の蓄積がある。それを外部装着することはできます。実際に、そうしている人はたくさんいるし、実際に有効なんです。

ただ、「外付けされた惻隠の情」にはいろいろと無理がある。たとえば、キリスト教も弱者への愛から始まった宗教ですけれど、キリスト教の名においてこれまで多くの人が死んでいった。殉教した人もいるし、背教者・異教徒として殺された人もいる。その歴史的事実は否定できません。マルクス主義もそうです。被抑圧者に対する憐憫と共感から始まった政治思想ですけれど、マルクス主義の名の下でも多くの人が死んだ。

「万人を愛する」という倫理は個人が内発的に支え切れるものではありません。だから、「ありもの」を外付けすることはできる。でも、外付けされた倫理はしばしば歯止めが利かなくなる。内発的な倫理は「人として」というしばりがあるけれども、外装された倫理は感情や身体による規制を受けつけずに暴走することがある。

永井　私がもともと思っていたのは、全人類に「人権の侵害はどんなケースであっても抑止しなければいけない」ということを改めて周知し、どうにかそれが実現できるように公も含めやるしかないんじゃないか？　ということでした。人権教育というとなんだか大変浅いですが、外のものをガチッと装着するケースとして「人権教育的なものをしっかりしていく」というのは、例としてありえるんでしょうか？

内田　いま永井くんが「教育」と言っているのは「学校」を想定していると思うんだけど、僕は人の生き方は学校では教えられないと思う。人権教育は学校で教えてくれると思っている親がいるかも知れませんけれど、それは無理筋だと思う。「人としてどうふるまうべきか」を子どもに刷り込むのは「家風」なんですよ。子どもたちは親の背中を見て、人間としての生き方を学ぶ。それは教科書で教えることじゃない。

前に、元SEALDsの奥田愛基くんに会って話した時に、半分ぐらいがお父さんの話だった。彼のお父さんは奥田知志さんという牧師で、長くホームレス支援をしてきた人なんです。父親が家の中に知らないおじさんを連れてきて、「この人、あそこの公園にいたホームレスの人だけれど、今日からうちに泊まるから」というようなのが日常という家で彼は育った。だから、困っている人を支援するのが当たり前で、それをするために何らかの理論的な基礎づけや、イデオロギーを動員する必要がない。永井くんも家風の成果なんじゃないですか？

永井　家風ですか……。いや、私は逆に、子どもの頃はよく母親に殴られたり、いろいろ物を捨てられたりされていて、そのときに「この家では力を持った奴は殴ったり物を捨てたりしていいんだな」と思ってしまったんです。そして中学生になって殴られたときに「よく見たら小さいし、別に喧嘩が強いわけでもないな」ということに気が付きまして。それでそこからは自分が母親のことを殴りまくるようになりました。ひどいときはアザだらけでしたよね。

内田　全然、人権派じゃないね（笑）。

永井　父親が単身赴任先から帰ってきたら母親があることないこと全部盛って言って、そのレポートをもとに父親が怒るわけです。もちろん私もそれに対して反抗しました。「こういう大人になったら終わりだな」と思って、まあ反面教師ですよね。「誰の金で飯食ってるんだ!」とか言われ続けてましたし。もちろん私も問題児では確実にありましたけど。

内田 「誰に食わせてもらっているんだ」というのは親が絶対に言っちゃいけないやつですね。僕自身はほとんど親と喧嘩したことがないんです。なんだかこの人たちと考え方、生き方が違うかも知れないと感じたところで早々と家を出てしまったので。相手を説得できるとも思わなかったし、説得されるとも思わなかった。だから、ぶつかって、傷つけ合っても仕方がないから、すっと離れた。

倫理を身に着けるとしたら、実際に、その規範に従って自然に生きている人を見て、その謦咳《けいがい》に接するということを通じてしかないのかも知れないですね。

今度、学校教育で「道徳」が教科化されましたけど、教える先生自身が道徳的な人であって、その立ち居ふるまいから「人のあるべき姿」が滲み出て来るというのであれば、道徳教育も成り立つでしょうけれど、教える先生自身が特段道徳的な人ではないという場合には、教科書を使って道徳を教えることは不可能でしょう。

永井　つまり「マザーテレサはこんな人でした！」ということを教えるだけでは、道徳や倫理は教えることができないわけですよね。たしかにどれだけマザーテレサマニアだったとしても、道徳的の程度には大して関係ない気はします。

内田　何の影響もないと思います。まあ、なかにはそれを読んでスイッチが入っちゃう人もいるかもしれないけどね。人倫って、やっぱり生きている人を見て、それに感化されるものですから。

永井　それで言うと、私は本当に「人権」というものを外付けしたタイプだと思います。大学1、2年の頃、大学で平和学の授業を取ったりしたのですが、そのときに、何が幸福なのか、他人が何を考えているのかなんてわからないと思ったんです。そして陳腐ですが、みんな正義も正しさも違うよねともやはり思いました。

じゃあ何を拠り所にしたらいいのだろうと考えた結果、「そうかそうか、人権というものがあるのか。みんな賛同してるし、普遍性高いじゃん」となりました。普遍性が高いなら、「人権が著しく侵害されているのであれば、これは問題だ！」と堂々とみんなに言うことができる。そうして私は良くも悪くも人権というか、権利しか見ない人になっていったわけですが、それは本当に「外付け」だったと思います。

内田　人権原理主義になってしまったんですね。

永井　だから、ホームレスの方が実際に目の前で苦しそうにされているときに、「一時的なケアだけでいいのか」と思ってしまうし、「でも長期的なケアをするのであれば、500人とかホームレスがいるから、どうするべきか……」ということを考えてしまって、結局そそくさとその場を立ち去ってしまう。で、そのことが恥ずかしいわけです。なんなんだ自分は、と。

内田　そういう場合に「ホームレスを支援するのは行政の仕事でしょう。そのために税金払ってるんだから」って言って平気で通り過ぎることのできる人もいるだろうし、「参ったなあ。本当は自分が何とかしてあげなくちゃいけないんだけれど、でも急いでるし……」といって内心に葛藤を抱える人もいるでしょう。僕はそれでいいと思うんです。立ち止まって支援することはできなかったけれど、ほんとうは仕事を放り出してでも支援すべきじゃなかったのか……と葛藤するというのは人として自然なことであって、人間はそうやって倫理的に成熟してゆくんですから。

僕の哲学上の師匠はエマニュエル・レヴィナスという哲学者なんですけれど、レヴィナスは社会的公正の実現は政府に全面的に委ねてはならないということを言っています。スターリン主義のソ連においては、社会正義を実現する責任と権限はすべて国家に与えられた。市民たち一人ひとりは社会正義を実現する義務を免除されたし、自己判断で社会正義を実現する権利も奪われた。だから、目の前で困っている人がいたら、行政に届け出て、「助けてあげてください」と言えばいい。自分の身銭を切ることがない。スターリン主義は善意から出発したけれど、倫理的に退廃したとレヴィナスは言うんです。正義や平等の実現を国家が担うシステム内では、市民たちは道徳的にふるまう必要がなくなる。

それは神さまが完全に世界を支配している世界と同じです。神さまがすべてを見ていて、善い行いには褒賞を、悪い行いには処罰を間違いなく与えるというシステムだったら、人間は善行をしたり、悪行を咎めたりするインセンティヴがなくなる。飢えた人が目の前にいても「神さまがなんとかしてくれるからいい」となるし、目の前でどんな不正が行われていても、「悪人はすぐに神さまに罰せられるから、自分は何もしなくていい」となってしまうから。公的なものや超越的なものが個人に代わって正義と慈愛を実現してくれる社会では、人間はそれを自分の仕事だと思わなくなる。

だから、人権が守られる社会を作ることはとても大切なんですけれど、公的機関によって人権が完全に守られる社会では、個人は他人の人権のことを配慮する義務を免除される。人権のことを考える必要もなくなる。その逆説も頭に入れておいた方がいいと思います。

永井　たしかに、私も「葛藤しているほうが真摯なんじゃないか」ということは、なんとなくわかりますし、思ってもいます。でも、自分がいくら葛藤したところで問題はずっとそこにあり続ける。その問題を、私はどう捉えればいいんだろうと考えざるを得ません。物事が良くなるには百年、千年かかる。「一歩ずつよくなってればいいじゃないですか」ということを言われたりもします。それはとてもよくわかる反面、社会が良くなるためにも千年かかりますってときに、その問題に対して「仕方ないよね」で片付けるのも納得がいかないというか、それでいいんでしたっけ？　と素直に思います。

内田　いやいや、片付けちゃいけないんですよ。葛藤するというのは、納得がゆかないということなんですから。

永井　でも、いくら葛藤しても実際にその問題を解決できなければ意味がないのでは、とも考えるわけです。今ここで、その問題の解決を考えているわけですし。

内田　これはソクラテスが言っていることなんですけれど、僕たちはその解法が分かっているものは「問題」としては意識しない。逆に、解法がまったく思いつかないものも「問題」としては意識されない。僕たちが「問題」だと思うのは、その解法がまだ分からないのだけれど、これから時間をかけて取り組んでゆくといずれ解法がわかりそうな気がするものだけなんです。だから、永井くんがあることを「問題だ」と考えているということは、指先が解法に手が届いているという実感があるからなんだと思う。どうやって解けるかはまだわからない。でも、時間をかけて、経験を積んでゆけば、わかりそうな気がする。そういう状態にいるんだと思います。

永井くんがホームレスを見て葛藤するのは「自分の力の範囲内でこの状況をなんとかできるかもしれない」と思っているからなんですよ。解決する手立てがどこかにある「ような気がする」。解決の可能性を直感している。まったく自分の手には負えないと思っていたら、そもそも視野に入ってこない。まったく無力な人間は自分のことを「無力」だとさえ思わない。「自分には力が足りない」と思うのは実は多少は力があるからなんです。

「永井くんがこれから力を付けてゆくと、いずれなんとかなるかも知れないということを直感的には確信しているんです。今は「どういう力を身に着けたらこの問題は解決できるのか」を考えてゆけばいい。そんなに急がなくていいんですよ。

永井　ソマリアは当時、「比類なき人類の悲劇」だと言われていたんですが、同時に「地球で一番危険な場所」とも言われていました。なので、特に日本なんかではほとんどの大人たちがソマリアなんて無理となっていて、「英語を話せるようになれ、専門知識をつけろ、10年は経験積め」なんてことを話を聞きに行った大人たちに言われていたんです。

それはたしかにそうなのかもしれない。でも、じゃあ「自分はその10年間、どの面下げてソマリアを見ていればいいんだ」と思った。そもそもそれらを持ってる大人たちが危険だの金がおりないだのでやらないわけですし。なので、結局問われているのは姿勢だなと考えるに至りました。

内田　個人としての限界があるから、そこのところは折り合いをつけるしかないと思いますよ。死んだら身も蓋もないから。永井くんがもし、この世に少しでも善を積みたいと思っているなら、「長生きする」ってこともけっこう大事な仕事ですよ。

永井　葛藤しつつ、とかく瞬間瞬間ベストを尽くすということなのかもしれません。とはいえ実際にはなんだかなあと思うのですが、「じゃあ今この瞬間に世界にあるすべての人権侵害と紛争をなくしてみろよ」と言われても、恥ずかしながらできないのも事実ではあります。だからこそ、恥ずかしいと思いながらも、少しばかり先のことも見据えて、ベストを尽くす必要があるのかもしれないと思いました。

大きな社会的事業には集団で取り組む

内田　大事なのは、「たいせつなことは、集団でやることだ」ということですね。たとえば、知性というのは個人のものではなく、集団的に発動するものです。集団的に知性的でなければ、知性って機能しないものなんです。

「知性的な人」というのは、知識とか情報が潤沢にある個人のことではなくて、その人がそこにいると、それだけで周りの人たちの知的パフォーマンスが上がって、次々とアイディアが出てきたり、創意工夫がなされるようになる人のことです。逆に、個人として見ると、すごく頭が切れて、弁も立つんだけれど、なぜかその人が来るとみんなの気持ちがどよんと沈んできて、黙り込んでしまい、何も知恵が出なくなる人っているでしょう。こういう人のことを僕は「知性のない人」だと思っている。知性というのは集団的な仕方で働くものなんですから、周りの人の知性の発動を妨げる人はいない方がましなんです。

「人権を守る」というのもとても一人では実現できない巨大な仕事ですよね。だから、集団で担うしかない。個人が工夫すべきなのは、集団全体が「人権を守る」気になるように流れを作ること、気分を盛り上げることだと思うんですね。

たとえば、人権派の人たちのなかにはときどきものすごく他責的な人がいるでしょょう。人権が守られないのは誰の責任なのかというふうに問題を立てる。そして、人権を守るためにしなければいけないことのリストをどんどん長大なものにしてゆき、人権派であり続けるためのハードルをどんどん高くしてゆく。でも、そういう原理主義的な人権派は「何か少しでも自分にもできることをしたい」と思っている人たちにきびしく査定的なまなざしを向ける。そうすると、そこまで要求水準が高い仕事なら、自分にはちょっと無理かな……と思ってせっかくその気になった人が引いてしまう。結果的に、人権に配慮する人の数が減って、集団として倫理的な行為の絶対量が減るなら、その人は人権擁護を妨害していることになる。「これこれの条件をクリアしない人間にはこの活動に関わる資格がない」という原理主義は言っていることはたしかに立派で、筋が通ってくるんですけれど、ついてくる人が減る。それで一番困るのは支援を必要としている人たちなんですよね。「どうやったらみんながちょっとでも幸せになるか」ということって具体的なことじゃないですか。だから、一人ひとり自分の器や能力に応じて、できることをするだけでいいと思うんです。

永井　なるほど。たしかに自分がやらねばとなり、いつも個人レベルで考えがちではありました。そして高圧的な人権派の人はすごくわかります。むしろ私も反省しなければ……。内田先生がそういうふうに考えるようになったのは、いつぐらいからなんですか？

内田　大学で教えるようになった、40歳ぐらいのときですかね。教師になり立ての頃は「この教室にいる全員に自分の思いを届けたい」と思っていた。でも、いくら熱心にしゃべっても、ちゃんと聴いているのは2～3割で、あとはぼんやりよそ見したり、私語したり、寝てるんですよ（笑）。初めのうちは「なんで、オレの話を聴いてくれないんだ！」と怒っていたんですけれど、ある時期から「まあ、2割の学生が聴いてくれていればいいか」と思うようになった。寝ている子たちだって、もしかしたら、別の先生の別の授業では目をパッチリ明けているのかも知れないから。教育って自分一人でやるものではなくて、教師たち全員で手分けしてやるものだから、僕の授業を聴く学生が2～3割もいたら、それで十分か、と。

神戸女学院は創立150年近い学校なので、時々亡くなった卒業生から巨額の遺産寄付があるんです。一生かけて貯金したお金とか、不動産とか。経理部長から報告を聴くたびに、「それ、もらっていいものなのかな?」って思ったんです。だって、その人が卒業したのは今から60年、70年も前の話で、彼女たちはそのときに受けた教育のおかげで自分たちはその後豊かな人生を送れたと感謝して寄付をしてくれている。でも、彼女たちが教わっていた先生たちはもちろんすでに亡くなっている。僕たちはその先生たちの名前さえ知らない。どんなことを教えていたのかも知れない。その人たちへの感謝の徴としての寄付を僕たちが受け取っていいのかなあと思ったんですね。でも、少し考えて、ああ、これはもらってもいいんだと思った。だって、いま僕がやっている教育が良いものだとして、僕が教えた学生たちのうちに誰かがあと70年後に母校に寄付をしようかなと思った時に、その時の教師たちは僕の名前も知らないし、僕がどんなことを教えたのかも知らないわけですから。だから、いいんです。そうやって贈り物を順送りすれば。教師たちは集団で教育をしている。時代を超えて「教師団」を形成していて、それが教育の主体なんです。個人じゃないし、同時期に在職していた教師たちだけでもない。かつてこの学校の教壇に立ったすべての教師たちと、これからこの学校の教壇に立つことになるすべての教師たちと、もう死んだ人たちとまだ生まれていない人たちと一緒に一つの集団を形成していて、教育を担っている。そういうふうに考えるようになったんです。チームで教育活動を担っているわけなんだから、僕一人で力む必要なんかない、と。そう思えるようになったら、教えることのストレスが激減しました。教える時も「自分にしかできないこと」を教えるようにしたし、眠っている学生たちに対しても「ゆっくり眠っていいよ」という寛容な気分になった。そしたら、学生たちが眠らなくなった(笑)。

永井くんがやっている弱者支援も、医療や教育の提供も、スケールの大きな社会的な事業ですよね。だから、個人でできることじゃない。どうしたら一人でも多くの人が永井くんの事業に自分の意思で参加してくれるようになるのか、それを考えたらいいと思います。そのためには「自分にしかできないこと」をやる、そして「自分の手が回らないことは他の人がきっとやってくれるから大丈夫」だと信頼すること。そうすると、機嫌がよくなる。義務感や使命感でやっていると、だんだん顔つきがこわばってきます。それだと人がついてこない。とにかく永井くん自身が機嫌よく仕事をすることが第一です。それが一番強い吸引力を発揮する。そこに人々がひきつけられてくる。「何をやってるんだろう」って好奇心が湧くから。

集団的な知性を高めるには

永井　少し話が戻るのですが、内田先生のおっしゃる「感情の器」って、「人を見る目」「ものを見る目」でもあるとのことでしたけど、それって理性ともまた違うんですか？

内田　理性とは違いますね。やっぱり「感情の器」って、あくまでも個人的な身体条件のようなものだから。

永井　「感情の器」を大きくするのって、「外付け」や家風以外でできたりしないんですか？　というのも、外付けが嫌だったり合わない人もいれば、家が崩壊している人もいるでしょうし。

内田　「とにかくこの人は器が大きい」と思う人のそばに行って、弟子入りしたり、友達になればいいんじゃないかな。自分の器をちょっとでも大きくしたいと思ったら、実際に器の大きい人に親しむしかないと思います。「器の大きい人ってこうやって息するんだ」とか「こうやって鼻かむんだ」とか。身近で、その人の所作や物言いを身近に感じて、それを模倣する。それは書物では学べないことですね。

永井　例えば内田先生は、どうされたんでしょう。

内田　合気道の師匠の多田宏先生と哲学上の師匠のエマニュエル・レヴィナス先生に就いて学んだのだと思います。二人ともほんとうにスケールの大きい師でした。

永井　となると、集団的な知性を高めるためには、たとえばどんなことをすればいいのでしょうか。

内田　普通にしてればいいんじゃないですか（笑）。世の中には感情の器が大きい人がいるということを永井くんを通じて見せるのが一番早道なんじゃないかな。そういう人を見ると、「自分ももしかしたらそうなのかも」って思うから。見たことないと、そうは思わない。陸上競技でも100メートル9秒台って人間には無理だと思われていたんだけど、一人が9秒台を出すと、走れる人がどんどん出て来たでしょう。高いパフォーマンスを持っている人ができる最良のことは「人間ってここまでのことができるんだ」ということを見せられるということです。それを見て、「じゃあ、自分も」と思う人が出て来る。

永井くんがやっていることもそうだと思う。永井くんを見て、これからアフリカやアジアに支援に入っていく若い人がどんどん出てくると思う。それは永井くんが「できる」ということを見せたから。「こういうことをやってもいいんだ。やればできるんだ」ということがわかると、フォロワーが出てくる。

「共感」と「惻隠の情」はどう違う?

永井 改めて、「共感」と「惻隠の情」の違いを考えたいです。例えば数年前にトルコの海岸で、3歳のシリア難民の男の子の死体が流れ着いたということがありました。それで全世界が衝撃を受けたのですが、あれは惻隠の情だったんでしょうか?

内田 ある程度はそうでしょう。小さな子どもだったから。あれがヒゲの生えたおじさんだったらたぶんそこまでの反響はなかったと思います。哺乳類としての我々の本能には「同種の幼生を見たら支援しろ」ということが刻み込まれています。ライオンだって猫の幼獣が来たらおっぱいをあげたりするでしょ。赤ちゃんってすごい可愛いけれど、あれは可愛くしないと生きていけないからなんですよね。可愛いから周囲に支援される。赤ちゃんを見てみんなが「何とかしてあげたい」と思うのは本能的なものなんですよ。「惻隠の情」って、相手が猫でも犬でも発動するんです。その点が「共感」とは違う。

永井　共感というものには「意識」みたいなものが入ってるってことなんですか？本能とか反射ではなく。

内田　そうだと思います。共感は本能や反射ではない。だって「この人と共感してる」というのは本人がそう思っているだけじゃないですか。本当に他者と心が通じ合ってるかどうかなんて、自分にも相手にも、誰にも確証できない。だから、共感や理解をベースにして人間関係を構築するのは危険だと僕は言っているんです。それよりは、「共感も理解もできないけど、目の前に困ってる人がいたらとにかく助ける」というルールの方が汎用性が高いし、間違いが少ないと思うんです。

でも、人間は本能だけで生きてるわけではない。公正な社会、暴力に屈したり、屈辱感を味わったりしないで生きられる社会を作ろうと思ったら、たしかに「惻隠の情」だけでは足りないんです。それは始まりに過ぎないわけです。孟子も「惻隠の心は仁の端なり」と言っているわけで、そこが出発点なんです。そこで終わっちゃいけない。「赤ちゃんみたいに可愛くない」他者を支援することは本能だけには頼れない。もっと理論的なもの、制度的なもので補強して、足場を作らないと。

永井　足場を作り、いろんなもので補強するにしても、一番根底にあるのは……。

内田　惻隠の情ですね。

永井　ということですよね。私が思うに、機能的な点で言えば、情動的な「共感」というのは、「かわいそう、涙ちょちょぎれるぜ」というところで止まりがち。内田先生の言っている「惻隠の情」は、アクションまで含んでいるように思えます。

内田　そうです。集団は「弱い者」を支えて、助けるという仕組みの時に最も高い機能を発揮するものなんです。実際に、強者だけの連合を作って、弱者を切り捨ててゆけばわかります。そんな集団はすぐに消滅する。誰だってたまには病気になるし、怪我もするし、いずれ年を取って、他人の介助がないと生きられないようになる。そういう人を「足手まとい」だとして片っ端から排除したら、集団はどんどん痩せ細って、最後はゼロになる。

集団でも個人でも、弱者を支援する仕組みをビルトインしていないと存続できないんです。弱者を支援する仕組みをきちんと整備してある集団の方が、そうでない集団よりも強いんです。武道をやるとわかるけど、「赤ちゃんを抱いてるかたち」というのが最強なんです。どんな武道でも、剣道でも空手でも、構えの基本はよく見ると「赤ちゃんを懐に抱いているかたち」なんです。内側は柔らかいけど、外側は硬くて強い。安定しているけれど、自由度が高くて、可動域が広い。当たり前ですよね。哺乳類にとっては、自分の子どもを守るというのが種としての最優先の仕事なわけですから、子どもを守る時に最強であるように進化するのは当然なんです。

永井　原理として「惻隠の情」が機能していることを理解して、そこから積み上げていくしかないのかもしれないですね。

内田　そうです。自分の身内だけにしか共感を持てない状態から、同じ地域のメンバーであったり、国民国家の成員であったり、「同胞」の範囲をだんだん大きくしてゆく。時間をかけてそれを少しずつ広げてゆけばいい。最終的には「生きとし生けるものすべてがわが同胞である」というところまで行けば、宗教的な悟りを得たことになるんでしょうけれども、そこまではなかなか行けません。でも、目標はそこですよね。それをめざして歩み続けて、途中で息絶えても別にそれでいいじゃないですか。

合意形成には調停者も「腕を切る」覚悟が必要

永井　内田先生に聞いてみたいんですが、私たちは「共感」なるものをもっとうまく使えないのでしょうか？　惻隠の情は今日初めて知ったのですが、共感は結構社会でキーワードになっていると思いまして。

内田　僕は「共感」という言葉には警戒心を抱いています。今の日本社会って、「共感過剰」な社会になっているような気がします。共感できる人間だけで固まって、同質的な、集合的共感のようなものを作って、外部の人とのコミュニケーションができなくなってきている。

永井　いわゆる「エコーチェンバー」とか「フィルターバブル」と言われている現象ですね。私も全く同感で、すごく気持ち悪いなとも思っています。「共感にあらがえ」

の連載を書くに至った一つの問題意識でもありました。

内田　共感を強制するせいで、むしろ個人アトム化していっているように見えます。前に大学で学生にレポートを書いてもらったら、二三人が「私、コミュ障なんです」と書いてきました。「コミュ障」というのは若い世代でよく使われる言葉みたいですけれど、要するに他の学生にあまり高度な共感を感じることができないということらしい。学生たちって、すぐに「キャー！　そうそう！」って、激しく頷いて、ジャンプしてハイタッチしたりしますよね。服がかわいいとか、どこかのケーキが美味しいとかいう程度のことで。過剰に共感しているふりをする。どうも、この自称「コミュ障」学生たちは、それができないことを自分の社会的能力の欠如だと思っているらしい。あんな高度な共感は自分にはできない。あの共感の輪に入っていけない。つまり、あのキャーとぴょんぴょんを「共感している状態」だと思っているわけです。でも、あの作為的な共感の輪の中にいる学生たちも、一人ひとりはかなり孤独なんじゃないかと思いますよ。ああいう演技をしていないと仲間として受け入れられないのだとしたら。

僕の友人が大学で「誰にも言えない私の秘密」というテーマで学生に匿名でアンケートを取ったところ、100人中15人くらいが、「今付き合っている友達が嫌いだ」と回答したそうです。なんだか、わかる気がします。小さな集団のなかで「演技的な共感」を強制されて、どんな話題でも「そうそう」と頷いて、100%の共感と理解を示さなければ仲間ではいられないとしたら、それは心理的にはきわめてストレスフルだと思う。

そういうことは別に女子学生には限られない。おじさんたちだって、おばさんたちだってやっていることは同じじゃないかな。内心は軽蔑したり、嫌っていながら、表面的には過剰な共感を演じてみせないと、仲間でいられないという状況はかなり危険なことだと思います。それよりは、時々は「すいません、何言ってるかわかんないんですけど……」とか「もうちょっと具体的な例を挙げていただけますか？」とか言っても許されるという方がコミュニケーションとしては健全じゃないですか。別にすべてについて同意しなくてもいいじゃないですか。重要な点がだいたい一致するなら、それで十分に一緒に仕事はできるんだから。

理解も共感もできないけれど、この人は約束は守るし、決めたルールには従うというなら、一緒にチームを作れるし、結構大きな仕事だってできる。１００％共感できないと何もできないというより、さっぱり共感できないけれど、一緒に安心して仕事ができるという方が僕はいいと思う。「こういうルールでやりましょう」というコントラクト（契約）を取り決めたら、それをきちんと守るという社会性の方が、べたついた共感よりも、集団で生きてゆく上ではずっと大切だと思います。共感や理解は他者と協動するための絶対条件じゃない。

結婚だってそうですよ。結婚が１００％の共感と理解の上に築かれるべきだということになったら大変ですよ。一度ささいなゆき違いがあって、「あ、オレたち気持ちが通じていない」と思ったら、すぐに離婚しなければいけないんですから。そんなことできるはずがないじゃないですか！　僕は、夫婦間で取り決めた約束を守ることは配偶者に求めますが、妻に「全面的な共感」なんて求めてませんよ。僕みたいな変な男のことを「理解してくれ」なんて言ったら申し訳ないもの（笑）。

永井　コントラクトで合意を形成し、個人というよりは集団で考えていきましょう、ということですよね。私はもともと、集団内での合意形成って「共感しない自由」がある以上は、法的な枠組みの中でやるしかないんじゃないかって思っていました。例えば「人権は権利として定められているので、義務的にみんなちゃんと尊重しましょう」ですとか。

だけどやっぱり、程度の問題なのかなとも思います。であれば、市民のあいだでボトムアップで合意形成をするやり方のほうがいいのだろうか、でもどんなやり方がよいのだろうか……と迷ってしまっています。ボトムアップで合意形成をするための鍵って、何かあったりするんですか？

内田　それができたら人類は完成の域に達しますよね。なかなかそこまですぐにはいかないと思います。ただ、「合意形成はできた方がいい」ということについての合意形成は取れたほうがいい。対話できないよりは対話できたほうがいい。

それぞれに立場があるけれど、合意したり対話したりするためには、いったん自分の立場を離れてみる。「集団全体としては何が一番いいのか」ということに関して、みんなで知恵を出し合う。そういう合意形成の訓練はもっと小さい頃からした方がいいと思います。

勘違いしている人が多いんですけど、合意形成って「誰かが正しい意見を言って、周りの人間を説得してその意見に従わせる」というものではないんです。そうではなく、「みんなが同じくらいに不満足な解を出す」ってことなんです。全員が同程度に不満というのが「落としどころ」なんです。それを勘違いして、合意形成というのを「全員の意見が一致すること」だと思っている。「Win-Win」なんて無理なんですよ。そんな奇跡的な解はふつうはまずありません。合意形成でとりあえず目指すのは「みんなの不満の度合いを揃える」ということなんです。誰かが正解を述べているので、説得するなり、多数決で抑え込むなりして、その正解に従わせるということではない。そうじゃなくて、全員が「俺の言ってることも変だけど、みんなも変」というところから出発して、誰かが際立って損をするようなことがない解を探り当てる。それが合意形成なんですね。

法社会学者の川島武宜が『日本人の法意識』という面白い本を書いているんですけど、そこで日本の伝統的な合意形成の方法の一つが紹介されています。歌舞伎に『三《さん》人吉《にんきち》三《さ》廓《くるわの》初買《はつがい》』という演目があります。お嬢吉三という悪者が夜鷹を殺して百両を手に入れる。それを見ていたお坊吉三という悪者が「それをよこせ」と言ってワルモノ同士の殺し合いが始まる。そこに和尚吉三が仲裁に入る。この時にどうやってトラブルを収めるかというと、「百両を二つに割って五十両ずつ納めてくれ。それでは足りないだろうから、その代わり俺の両腕を切って、一本ずつ受け取り、それで気持ちを鎮めてくれないか」と言うわけです。この提案に感動して、三人は義兄弟の契りを結ぶ、という話です。

こういう話って、昔からあるんです。合意形成に持ち込むためには、全員が同じ程度に不満足である解を見つけなければならない。そして、合意とりまとめを主導する人間には一番たくさん「持ち出し」をする覚悟が要る。『三方一両損』で大岡越前が出す一両も、『三人吉三』で和尚吉三が出す両腕も、本来ならば彼らにはそんなものを出す義理はないんです。でも、それを「持ち出す」覚悟を示すことで合意形成を主導できる。そういうものなんです。

現代人はそういった合意形成の要諦をもう忘れていて、「一番正しい意見にみんな従うべきだ」と思っている。合意形成は「Lose-Lose-Lose」の「三方一両損」なんです。だから、「しょうがねえなあ。じゃあ、これで手を打つか」という舌打ちとともに終われば上等で、最後にみんなで万歳というようなことは期待しちゃいけない。

永井　とても納得できます。意見の優劣を競うのではないわけですね。それどころかプラスを消してマイナスを平等にするという。

内田　優劣を問うても仕方ないんですよ。現に意見が対立している以上は、そこにはそういう意見を持つに至った個人の歴史があり、そこに至る切ない事情があるわけです。それはある程度認めざるを得ない。みんながお互いの抜き差しならない事情を認め合うことでしか調停というものはできない。永井くんも紛争調停の仕事をしているわけですから、そのあたりのことは経験的にわかると思います。

人間の成長を意図的に促すことはできない

永井　今日のお話で、「個人の感情の器には限りがあるけれど、全員が同じようにパワーアップするのではなく、社会全体でパワーアップしていればいい」というのはたしかになと思いました。

内田　一人でやっているだけではつねに無力感に打ちひしがれてしまうでしょう。自分一人でできることは限られているから。一人だけで何とかしようとしたら、絶望的な気分になる。それで当然なんです。だから、つながればいい。でも、それは「共感」とか「絆」とか「ワンチーム」とかいうものではない。「それぞれの場所で、自分に割り当てられた仕事を果たす」ということなんです。

暗闇の中でたった一人で敵陣に向かって銃を撃っているときに、遠くで誰かが同じように敵陣に向かって撃っている銃火が見える。「戦っているのはオレ一人じゃないんだ」と思えると戦い続ける元気が出てくる。それは共感ではないし、相互理解でもないし、同志的連帯というほどのものでもない。「オレも頑張っているけど、あそこでも誰か頑張っている人がいる」というだけのことです。でも、それだけでも、人間ってずいぶんと強くなれる。

もちろん、自分一人で問題を解決できるほどに強くなれれば、それに越したことはありません。しかし、原理主義的にあらゆる人間に向かって「おばあさんに席を譲れ！」とか言えないですよね。中学生だったら注意できるけれど、ヤクザだったら二の足を踏む。それは仕方がないことです。そういう時は、「もうちょっと強くなりたい」と思う。その方向に向かってそれからこつこつと努力する。それでいいんです。

永井　原理主義的に考えすぎず、もう少し気楽にというか、懐深く構えようと。

内田　そうです。「人間としてあるべき条件」を吊り上げるのは決してよいことじゃない。「人間の条件」を満たす人を減らすだけの話だから。

永井　私も、御子柴善之先生とお話ししたときに言われたのが、「頭ではわかるんだけど、体が動かないというのは、何もおかしい話じゃないんですよ」と。でも、「人間としての責任を……」みたいなことを語ってしまいたくなってしまう。同じ人間だから、とするからこそ、時に排他的にもなるし、攻撃的にもなりえることもわかりつつなんですけどね。

内田　長く仕事を続けたいと思ったら、呼吸をするようにできる仕事をすることです。自分の能力をはるかに超えたような目標は掲げない。三度のご飯を食べて、お風呂に入って、８時間眠って、家族を持って、生計を立てて、時々は息抜きをして遊んで……ということをしながらでも十分にできる仕事をする。毎日こつこつと継続できる仕事がいつの間にか最も遠くまで僕たちをつれていってくれるんです。

※この対談は「朝日新聞デジタル＆M」に掲載された「共感にあらがえ」の原稿を大幅に加筆・修正したものです。

おわりに

本書では、共感の負の面を考察するとともに、共感では対応できない物事について、ささやかながら持論を述べさせていただきました。

冒頭にも書いたとおり、私は共感に関する研究者でも専門家でもなく、そしてまた本書は学術書でもないために、筆が滑り過ぎた箇所もあるかもしれません。また、どうしても伝えやすさなどを理由に紛争の描写などを筆頭に、複雑な問題をわかりやすく描き過ぎた箇所もありました。さらにいうなら、最終章で触れた自己の認識という点は紙面の都合上十分に説明することができませんでした。機会があれば、今度はより丁寧に諸々検討していくことができたらと勝手ながら考えています。

また、本書でどこか批判的に取り上げた活動や団体がありますが、あくまでも共感が関連する問題について説明をしたものであるので、そうした活動や団体を批判することを意図したものではありません。もし気を悪くされた方がいらっしゃいましたら、ただただ申し訳ないです。

私自身、どのように他者を巻き込み、社会を、そして世界を良くしていくべきか、思考の過程にいる状態です。だからこそ、本書をきっかけに皆さんと共感について考えていくことができればという姿勢でありました。

思い返すと、私が共感について思考を深めていくうえで、朝日新聞デジタルで「共感にあらがえ」という連載を持つことが大きなターニングポイントでした。しっかりしたメディアで、しかも本業や専門などではない思想的なテーマで、読者の皆さんのコメントなども踏まえつつ、一つひとつ考えを重ねたことが本書で説明したような見解や持論に繋がっています。

連載に当たっては多くの方々にお世話になりましたが、特にメインの編集者として付いてくださった下元陽さんには感謝してもしきれません。上野のカフェでお話をさせていただいたときに、「共感にあらがうというかですね、世界平和とか考えるのであれば、そういうのが大事だと思うわけですよ」と自分が偉そうに語ったことから「共感にあらがえ」という素敵な連載タイトルを考案していただきました。

その連載がかんき出版の庄子錬さんの目に留まり、有難いことに共感に関する書籍の企画をご提案いただき、それが本書となりました。とはいえタイミングはそれなりに悪く、いろいろと忙殺されていた時期でもありました。編集に付いてくださった庄子さんに共有させていただいた第一稿の原稿は中々なレベルでしたが、嫌な顔一つせずニコニコと褒めて伸ばしてくださり、何とか一つの本になりました。『僕らはソマリアギャングと夢を語る』（英治出版）でも、『ぼくは13歳、任務は自爆テロ』（合同出版）でもそうでしたが、私はとにかく素晴らしい編集者に恵まれることに関しては才能があるのかもしれません。また、対談周りを中心に編集やさまざまなご助言をくださった中野慧さんにも深く感謝しております。

さらに遡るとしたら、『たたみかた』という社会文芸誌（非常に一癖ある雑誌でおすすめです）の編集部の三根かよこさんと瀬木こうやさんにも頭が上がりません。お会いした当初は、私はまだ大学生だか大学院生だったのですが、そんな自分の思考に注目してくれ、NGOの活動などではなく、哲学的な切り口から一緒に思考を深めてくださりました。そして、そのつながりの中で、思想関連の新聞書評を書かせていただくことにもなりました。『たたみかた』編集部とは、いつか哲学の本を出そうという話もしており、そうした今後の展開も楽しみにしています（自分が考えなければいけないのですが……！）。

そしてさらに、自分のこうした思考の原点には、早稲田大学文学学術院教授の御子柴善之先生の存在があります。ソマリアといった紛争地に真正面から向き合うのだと若造なりに決意してから、死の恐怖に苛まれました。その死の恐怖を克服するために哲学書などを読み始めたときに、「感性と死の問題の研究」という御子柴先生のゼミに参加しました。私は何にも知らない教育学部の2年生であり、ゼミの生徒の多くは哲学科の3、4年生でしたが、「哲学とは、自分を通して考えること」と先生が胸を張って教えてくれ、自分がズレた意見を発言しても（発言だけは人一倍しまくっていました）、真正面から受け止め、さらなる問いを投げかけてくださったことが、今に至るまで自分で思考するということの礎になっています。

なお、本書と連載「共感にあらがえ」の中で対談してくださった、内田樹先生、石川優実さん、御子柴善之先生、ロバート・キャンベル先生、春名風花さん、東畑開人さん、小川仁志先生への感謝の念に堪えません。大変ご多用のところ無理を言って対談していただきましたが、本当に学ぶことばかりでしたし、毎回新たな気づきをいただきました。毎対談後に対談時のメモを読み直し、さらに何を思考していく必要があるか、時には編集の下元さんとともに考えていました。ぜひ、またどこかで共感などについてさらなる議論を交わすことができたらなどと厚かましくも思っています。

同じく、私にとって戦略的対話の師である Graciela Tapia 先生にも感謝の念を禁じえません。調停やメディエーションのエキスパートである先生と連日夜な夜な話し込んだことから私は数えきれないほどのことを学びました。

最後に、なかなか癖があり大いにひねくれた私に懲りずに付き合ってくれるすべての人々に感謝をしつつ結語とさせていただければと思います。

これからも紛争地での実務活動を続けつつ、胸を張って「自分を通して考える」ということも続けていきたいと改めて思う次第です。

２０２１年６月吉日　永井陽右

【著者紹介】

永井　陽右（ながい・ようすけ）

◉——1991年、神奈川県生まれ。NPO法人アクセプト・インターナショナル代表理事。国連人間居住計画CVE（暴力的過激主義対策）メンター。テロと紛争の解決をミッションに、主にソマリアなどの紛争地にて、いわゆるテロ組織の投降兵や逮捕者、ギャングなどの脱過激化・社会復帰支援や過激化防止を実施。また、テロ組織との交渉および投降の促進、国連機関や現地政府の政策立案やレビューなどにも従事。London School of Economics and Political Science紛争研究修士。「Forbes 30 Under 30」や「King Hamad Award」など、国内外で受賞や選出多数。

◉——著書に『僕らはソマリアギャングと夢を語る　「テロリストではない未来」をつくる挑戦』（英治出版）、『ぼくは13歳、任務は自爆テロ。 テロと戦争をなくすために必要なこと』（合同出版）がある。

共感《きょうかん》という病《やまい》

2021年７月14日　　第１刷発行

著　者——永井　陽右
発行者——齊藤　龍男
発行所——株式会社かんき出版
東京都千代田区麹町4-1-4 西脇ビル　〒102-0083
電話　営業部：03(3262)8011㈹　編集部：03(3262)8012㈹
FAX　03(3234)4421　振替　00100-2-62304
https://kanki-pub.co.jp/

印刷所——大日本印刷株式会社

ISBN978-4-7612-7560-0 C0030